I AM HERE NOW

世界でいちばん大切なお話

フィールワーク

時の旅人
あるアーバンヨギの覚え書き

College of Wholelife 学長
Mizuhi Fuari
水灯 風在

亡き母と兄と二人の父
そして我が魂の家族たち全てに捧ぐ

暗夜行路の如き人生の
灯台の明かり一筋とならんことを

はじめに

世界でいちばん大切なお話

――2004年「as it is いま・ここ・ありのまま」から、2016年「I AM HERE NOW いま・ここ・ありのまま」への移行――

忘れもしません。

2004年の夏

私は息子とふたり、暗澹《あんたん》たる思いで人生に立ち尽くしていました。

人生そのものではなく、自分が作り出した人生の「状況」に翻弄《ほんろう》され、ただひたすら考え込み、問題を抱え込んでいたのです。

まさに…四面楚歌。人生の「最悪の状況」でした。

ひとり息子の重い病気（急性バセドウ氏病）、事業の失敗とそれに伴う多額の負債、人間不信、自己嫌悪、罪悪感…

幾重にも追いつめられ、絶望的「考え」に支配されていました。

原因を全て自分以外のせいにして、そのことでさらに絶望していました。

人生で3度目の死を意識したのも、そのときでした。

次第に私は、過去を思えば痛く、未来を思えば怖く、考えることすら苦しくなって、「過去」も「未来」も「考え」られなくなってしまいました。

満身創痍の中… 祈ることしか出来なくなったとき、なぜか「いま」を「感じる」ことが出来たのです。

ところが… そのことこそが、天（源《みなもと》）からの愛と光だったのです！

なんと

人生の最も苦しい崖っぷちの果てにまで、天の灯台の明かりは届いたのです！

真っ暗闇に一筋の温かい光が――

そのときを境に、人生が輝かしく一変していったのです!!

温かく光に満ちた人生の道標が、私たち親子、そして私の魂の家族たちにも届いたのです。

まずは
そのとき以前のことからお話しましょう。

私は実に様々な職業を経験しました。

その中で、当時の日本ではまだ稀少だった、スピリチュアリズムに特化したセラピストや、カウンセラーを養成するスクールを経営したことがあります。

出版社時代の経験を活かして、関連書籍も出版していました。

また、私自身も国内外の専門講師から実に多岐にわたり学びました。

さらには世界各地を旅しながら、スピリチュアリズムについて学び歩いたものです。

そのころの遊学経験により蓄えたデータやボキャブラリーが、あの人生の岐路・2004年の夏、圧倒的に押し寄せてきた温かいエネルギー、激しい「うずき」の伴ったインスピレーション、言葉ではない言葉、神秘体験とも言える経験を、なんとかメッセージとして翻訳する作業に役立ちました。

それに加えて、以前から習慣にしていた「祈りと瞑想」も、その翻訳に役立ったのです。

私の過去のエゴにまみれた生活、その中で唯一、源（神）とのつながりを失わずに生きてくることが出来たのも「祈りと瞑想」のお陰だと言わざるを得ません。

エゴにまみれていても、心の奥底では希望を捨てることが出来なかった。

匙《さじ》を投げることが出来なかったのです。

自分が作り出した暗闇の中、たとえわずかでも救いを求めていたのだと思います。

呼びかけ、叫び、祈り、沈黙して… やっぱり奇跡を待ち望みました…。


そしてあの日――

苦しみから逃れるように、過去も未来も遠ざかり、考えることも止め、ただひたすら「いま」を「感じる」ことしか出来なくなった刹那、愛のメッセージが光の存在と共に訪れてくれたのです。

私はそのメッセージを「高い次元の動機」と呼んでいます。

「高い次元の動機」光の存在からの「うながし」は、まるで「光の授業」を受講しているかのようでした。

輝く光と共に、強い衝撃と圧倒的「うずき」が押し寄せ、同時に温かいエネルギーに包まれ、内側から平和と喜び、そして豊かさが溢《あふ》れてくるのがわかりました。その「うずき」は強く働きかけてくるのですが、決して押しつけもコントロールもしません。

強く優しく温かく守り導いてくれる、そのような「感じ」がしたものです。

私はそれが「愛の波動」だと、強くはっきりと実感したのです。

それからというもの、お祈りや瞑想をするたびに、輝く光と温かいエネルギー、そして「気づき」へと誘うための情報が訪れてくるのです。

初めは、高い次元からの情報を「感じる」ことは出来ても、それを低い次元の「言葉」にすることはとても難しいことだと感じていました。

その波動及びインスピレーションは「考える」作業では全く翻訳できま

せん。

まずは直感で感じ尽くしてから、私の中にある過去に蓄えたデータやボキャブラリーを使うことで、なんとか脈絡のあるメッセージとして翻訳できるようになってきたのです。

「高い次元の動機」は、段階的に一つ一つ辛抱強く「魂としての活き方」人生という「ギフト」の本当の楽しみ方を教え続けてくれたのです。

それはまさしく「光の授業」です。

その時間は、愛と神聖な光に満ち溢れ、時が止まっていました。

その愛と光は、今も一層輝き続けているのです…。


2004年夏、圧倒的輝きを放ちながら私たちのもとに訪れてくれた「光の授業」。

そこで受け取ったメッセージをまとめ上げたのが、英知からの贈り物「ａｓ ｉｔ ｉｓ フィールワーク」と名づけた、スピリチュアルメソッドなのです。

そのメソッドを、まずは私たち親子が実践しました。

そして大切な人たちに、少しずつ少しずつ、丁寧に伝え始めました。

縁ある人たちは皆、魂の家族だと教えられました。

だからこそ、共に実践したのです。

「考える」より大切なことは「感じる」こと。

感じるセンサーを拠《よ》り所に「いま」を愛し「ここ」に感謝し「ありのまま」に感じて楽しむ。

私たちは思考の雑音よりも、天からもたらされる英知の囁《ささや》きに耳を傾けたのです。

そうして「Ｌｏｖｅ Ｔｈａｎｋｓ Ｅｎｊｏｙ（愛と感謝と喜び）」の輪が広がっていきました。

天明を信じて、人事を尽くす。

そのプロセスの中で、人生は劇的に変わりました。

なんと息子の病は完全に回復。私も健康を取り戻し、さらには諦めていた夢の数々を次々と実現！

魂の家族たちと共に関わる事業は全てが成功裏を収めるなど、いまでは一年の半分はパリに住まいを構え、さらに世界中を旅する豊かな生活を送っています。

「ａｓ ｉｔ ｉｓ フィールワーク」を通して、たくさんの魂の家族たちに出会い、共に実践した皆が本当の自分「魂」に目覚め、魂の目的「ライフパーパス」を活きることで、見事本来の才能が引き出され、喜びに満ちた豊かで楽しい人生を謳歌《おうか》しています。

心温かき講師（トレーナー）たちも大勢生まれ、全国で精魂誠意フィールワークをお伝えしています。

そうして、天から授かったスピリチュアルメソッド「ａｓ．ｉｔ．ｉｓフィールワーク」は、私たちのライフワークになっていったのです。

メソッドを世に公開して10周年の２０１４年夏、全国の受講者数が有り難くも延べ１万人を超えた記念に、前作の著書「ａｓ．ｉｔ．ｉｓフィールワーク　いま・ここ・ありのまま」を上梓《じょうし》しました。

その翌年2015年

暑かった夏が終わりに近づき、涼《すず》やかな秋の風がそよぎ始めたある日のことです。

祈りと瞑想の最中に「高い次元の動機」、ある光の存在より重大なメッセージを受け取ったのです。

そのメッセージとは（前後の詳しい説明はここでは割愛します）

『来たる11月22日午後5時55分を境に、地球のヴァイブレーション（波動）が、暗黒の時代（カリユガ）から光明の時代（サイユガ）へと移行し始め、少しずつ少しずつ確実に上昇していきます。それに伴い、人々は自身のヴァイブレーションを高めるべく、意識を「大きく・強く・温かく・軽やかに」キープして、来たるライトゲート・オープンの日に備える必要があります』

という、愛と光の重大なるメッセージだったのです。

私は直ぐさま全国の講師たちにその旨を丁寧に伝えました。

そして

私たちはご指示に従い、備えました。

まさしく「天明を信じて、人事を尽くす」ことに励んだのです。

…その日を迎えるまでの短い時間…私たちには失敗の許されない、やるべき仕事が山積みでした。

私が座長を務める演劇舞台の最終稽古、そして本公演、詩《うた》い人《びと》としてレコーディングしたCDのリリース、出版物「一日一生 今日のことだまパートナー」の制作と発売、経営している会社の新製品の開発と販売、会社設立周年記念のビッグイベントなどなど… 気の遠くなるほどのスケジュールでした。

ところが、関係者たちの血のにじむような奮闘努力、そこにもたらされる天の采配、そして、奇跡によって——

なんと、それら企画の全てが、何もかも全てが！ 見事大成功を収めたのです！ 今でも思い出すたびに、天の奇跡に感謝の涙が溢れます。

こうして私たちは、天の声を聴き、天明に守り導かれながら… その日… 11月22日を迎えたのです。

祝福の午後5時55分には、全国から集まってくれた受講者（フィールワーカー）と講師たち、合わせて総勢約400人で祝福の祈りを捧げました。

その時間は…

時が止まり、突然、薔薇の香りが漂い、温かい光に包まれ、次第に内面の深いところから、平和と喜び、そして豊かさが湧き上がり、参加者全員が天の祝福に酔いしれ、感謝に溢れました。


その後の日々は過日の啓示の通り、私たちの内外をとりまくエネルギーフィールドが間違いなく確実に「大きく・強く・温かく・軽やかに」昇華し始めているのを実感しています。

そこから生まれる『愛と感謝と喜び、Ｌｏｖｅ　Ｔｈａｎｋｓ　Ｅｎｊｏｙ』。

それにこそ、幸せを感じるのです。

逆に「小さい・弱い・冷たい・重い」意識やエネルギーに苦痛を感じてしまいます。

私たちは、新しいＬｏｖｅ　Ｔｈａｎｋｓ　Ｅｎｊｏｙの時代、光明の時代へと愛と光に守り導かれ、無事歩き始めたのです。

――Ｉ　ＡＭ　ＨＥＲＥ　ＮＯＷフィールワーク――

そして

２００４年に授かり、もたらされたスピリチュアルメソッド「ａｓ　ｉｔ　ｉｓ　フィールワーク」は新しい時代への道標、虹の架け橋となりました。

なぜなら

12年の歳月を経て、またしてもあの『光の授業』が、さらなる高い次元の動機…まばゆい愛と光の存在たちによって、私たちにもたらされたのですから！

なんと！ライトゲート・オープンから8日後の

２０１５年11月30日から、２０１６年２月２日にわたり、新しい『光の授業』が訪れ「ａｓ ｉｔ ｉｓ フィールワーク」の新しい時代版、愛と光のスピリチュアルメソッド「Ｉ ＡＭ ＨＥＲＥ ＮＯＷ フィールワーク」を授かったのです。

時代の移行に呼応して「いま・ここ・ありのまま」が「ａｓ ｉｔ ｉｓ」から「Ｉ ＡＭ ＨＥＲＥ ＮＯＷ」へと昇華したのです。

それは光明の時代への道標、一筋の灯台の明かり。

サイユガの時代への輝くバイブルです。

ある光の存在は云います。


『光の世界では「与えたものが、即、受け取るもの」「捧げたものが、即、授かるもの」。

楽（ラク）より善を選び、奉仕の道を歩くことでのみ、あなたの魂は成長し幸せに輝くのだ。それが魂の「成幸」。

気高き魂の望みを活きる、それこそが本当の自分を愛するということ。

忘我《ぼうが》報恩の志で献身を貫くことこそが、永遠の平和と喜び、そして豊かさへの唯一の道「いまここからの永遠」なのです。

常に愛と光の源、天とともに天を感じながら、世のため人のために真心の奉仕を活きる幸福。

その美しさこそ、光の時代の輝きなのだ。

あなたたちの人生の輝きで世界を照らすのだ』と。

愛と光の言葉を授かりました。


ヨーガの伝統では、奉仕のヨーガのことをカルマヨーガと言います。

そして、新しい時代の光明はカルマヨーガだと、光の存在は教えます。

また、カルマヨーガを活きる行者のことをカルマヨギと言うそうです。

私たちは新しい時代、都会（アーバン）にて、世のため人のために善を行う光の奉仕人でありたい！

そんな思いを込めて、本書のタイトルを「世界でいちばん大切なお話 Ⅰ

AM HERE NOW フィールワーク（時の旅人 あるアーバンヨギの覚え書き）」と名づけました。
天からもたらされた新時代の指南書である本書を実践することで、あなたの人生が平和と喜び、そして豊かさに溢れ、輝かしく素晴らしいものになります。

本書は、私が『光の授業』で教えられた膨大《ぼうだい》な内容のうち、あなたの人生や実生活に特に役立つ情報やエッセンスを、わかりやすく実践的に全て網羅《もうら》してあります。
インスピレーションを通して、光の存在たちから教えて頂いた通りに順を追って記述しています。

あなたは各章を順に読み進めながら、エッセンスを感じて、そのメッセージを楽しんでみてください。

『毎日のジャパ瞑想』のパートを参照しながら、日々の祈りや瞑想などのエクササイズも楽しんでください。

あなたの魂が輝きを増し、人生が美と自由と豊かさに溢れます。

あなたの『豊かなホールライフ』と『充実のシニアライフ』のためにこの書が役立つことを信じて

Ｌｏｖｅ　Ｔｈａｎｋｓ　Ｅｎｊｏｙ

いま　ここ　ありのまま

I AM HERE NOW

水灯風在

目次

第2章 幸 私たちの人生の幸福のために

I AM HERE NOW

――新しい時代の「いま ここ ありのまま」

「I AM HERE NOW フィールワーク」

第1章

私たちの魂の**成**長のために

1　永遠の源 大いなる自己 永遠の自己

●光の授業

初めて圧倒的エネルギー「うずき」「インスピレーション」「うながし」が私に押し寄せてきたときは、それを頭で考えて理解することは到底不可能でした。

しかし、不思議と「感じる」ことは出来ました。

そして、感じ取ったものを情報整理のために「せめてもの表現」として翻訳する努力をしました。

まず、思考活動を極力抑えて、感じ尽くすことに専念しました。

思考活動では意識が「過去」もしくは「未来」に飛んでしまい、「現在」起きていることに全く注目できないことに気づいたからです。

それから徐々にですが、感じて、意識で捉《とら》えたエネルギーを言葉にしたり、音や旋律として聴いたり、映像（ヴィジョン）として視《み》たり、言語化・聴覚化・視覚化が出来るようになりました。

過去に学んだデータやボキャブラリーが、翻訳のマテリアルとして自然に引き出されるようになったのです。

例えば…

光輝く存在の訪れを感じたときは、それを天使（特に四大天使）や聖人、マスターのお姿として認識することが出来るのです。（時代や国や宗教の違いに関わらず）

さらには、宇宙の四元素（土・水・火・風）のエッセンスを捉えることが出来るようになったのです。

本来、高い次元からの情報やエネルギーは「視《み》える・聴こえる・言葉にする」ということを超越しています。それは「ありのままに感じる」ものなのです。「視える・聴こえる」といった、いわゆるサイキック能力というものを自慢する方々をよく見かけますが、実は本来「ありのままに感じる」ことのほうが、それらを包含した、はるかに次元の高い行為なのです。

私が高い次元の情報やエネルギーを、低い次元の言語や音や形に翻訳することを「せめてもの表現」というのは、そういう理由からなのです。

人々とのコミュニケーション、情報伝達の手段にすぎないのです。

「せめてもの表現」ではありますが、精一杯の愛と祈りを込めて、高い次元からの光のギフトを、本書にて言葉でお伝えしたいと思います。

●エターナルソース 永遠の源

いちばん初めの「光の存在」からの授業は、人々の言うところの《神》についての教えでした。

光の存在は神を「永遠の源」エターナルソースと呼びます。

なぜそう呼ぶのでしょうか。それは、神という呼び名が、国・民族・宗教の違いによって様々に捉えられ、様々な名で呼ばれ、本来の姿が歪《ゆが》められているからです。

本来の姿とは、全てを超越した大いなる英知、全てを創造し育み活かす永遠の存在…その本質は愛による共存共栄…活かし合いの喜びの内《なか》、進化繁栄しようとする愛の意図なのです。

宇宙は全てエネルギーで出来ています。

その本質は愛のエネルギー（プラーナ）で出来ているので、私たちの本質も「愛」なのです。

永遠の源の本質（エッセンス）としての愛は、あらゆる生命に宿っています。私たちの魂にも、源の愛の本質が大いなる自己「グレートセルフ」として、そしてさらにその深奥《しんおう》には、永遠の自己「エターナルセルフ」として宿っているのです。

源の本質が愛で出来ているように、グレートセルフもエターナルセルフも愛で出来ているのです。

魂の中心・グレートセルフは、過去生からの魂の数多の経験の全て、内なる英知、大いなる目覚め、美しい紫の光を放つ内なる愛、大いなる自己なのです。私たちは日々グレートセルフに祈り、守り導かれ、幸せの内に成長し続けることが出来るのです。

そしてそのグレートセルフの中心、ハートの奥深くでダイヤモンドの輝きを放つエターナルセルフこそ、内なる源なのです。

内なるキリスト意識・内なる仏陀・内なる救世主、そして、永遠なる到達。それが私たちの内なる光、エターナルセルフなのです。（以下、グレートセルフ・エターナルセルフを共に「セルフ」と言う）

源から流れくる愛の息吹き「プラーナ」や、セルフから流れくる英知とつながり同調することによって、私たちは宇宙の愛の表現である「共に活かし合い、平和・喜び・豊かさを活きる」ことが出来るのです。

●ワンネス

では、どうすれば源やセルフとつながり、同調し、幸せで居続けることが出来るのでしょう。

広大無辺な「永遠の源」を頭で理解することは、いくら考えても出来ません。

しかし、「なにか偉大なる存在に生かされている!?」と感じたことはあるはずです。

考えても考えても理解できないことが、感じることは出来る。

どちらの方法が英知とつながり、同調できるのかが解りますね。

そして、生かされていると実感したとき、同時に深い感謝と喜びが湧き上がってきたはずです。

源を感じ、深い感謝のともなった喜びや幸福感に酔いしれることを「ダルシャン」と言います。


そうです。

ありのままに感じて感謝のダルシャンに浸《ひた》ることで、私たちは源の愛とセルフの英知とつながりひとつになる「ワンネス」への一歩を踏み出すことが出来るのです！

ワンネス

源からの愛のプラーナは永久不滅で完全。

無条件で完全無欠の愛が、ひとときも休まずに私たちの全てを育んでいること

を認識することで、宇宙の完全性を見出すことが出来ます。

自分と全ての人々に源の完全な愛と美を見出すことが出来れば、慈愛や真心の

活かし合いに満ちた世界を体現できるのです。

全ては源のもと、ひとつなのです。

「私たちは宇宙のエネルギーの一部であると同時に、全てである」

●プージャ・ダルシャン・ジャパ・ディクシャ

永遠の源、内なる源セルフ、高い次元の動機、光の存在たち…その愛と光に気づき、つながりを取り戻し、ワンネスへと向かう最高の方法を、いくつか紹介しましょう。

【プージャを捧げる】

プージャとは、源や神聖なる存在に愛と敬意、そして思いの込もった贈り物などを捧げること。また、人や物に源の美を見出し、相手に愛と感謝を贈ること、それがプージャなのです。

また、プージャが捧げる行為であることに対して、源や神聖なる存在、グルや聖者からその返礼や贈り物を受けることを「プラサード」と言います。

感謝の祈り

感謝と祈りこそが「平和・喜び・豊かさ」を引き寄せる、いちばん強力な磁石なのです。

感謝と祈りのエネルギーに私たちの周波数を合わせるため、毎日「感謝の祈り」プージャを捧げましょう。（感謝の祈りの方法は、後述の「毎日のジャパ瞑想」を参照）

新しい光明の時代（サイユガ）では「与えたものが、即、受け取るもの」「捧げたものが、即、授かるもの」なのです。

【ダルシャンに浸《ひた》る】

いつも源を感じ、愛されていること、生かされていること、守り導かれていることに感謝し、源を讃え、源に愛を送り、その美と幸福感に浸り酔いしれましょう。その状態、それこそがダルシャンなのです。

【ジャパの励行】

声に出したり、心の中で唱えることで、神聖な力を引き出すことの出来る聖句のことを「マントラ」と言います。

そして、授かったマントラを日常の中でいつも口癖にしたり、意識して唱えることをジャパと言います。

私たちはジャパによって、源・光の存在・セルフからの愛のプラーナや、光の英知をオーラに纏《まと》い、平和・喜び・豊かさを活きることが出来るのです。

「光の授業」で授かった、光明の時代に相応《ふさわ》しい、ジャパを許されたマントラを幾つか紹介しましょう。

・Love（愛） Thanks（感謝） Enjoy（喜び）

・I AM HERE NOW

・いま・ここ・ありのまま

・アウム（AUM）

全ての言霊の根源で、完成されたマントラ

その意味は「I AM HERE NOW」及び「いま・ここ・ありのまま」であり、「永遠の源」の呼称。

※実際の発音はAUMを意識しながら「アーウームー」と均等に伸ばします。

・アウム・ナマ・シヴァーヤ

源を讃えるマントラ。四元素、光の存在たちの総称。

意味はナ＝土

　マ＝水

　シ＝火

　ヴァー＝風

　ヤ＝永遠

・アウム・シャンティ・シャンティ・シャンティ

平安・静寂・平癒へと誘うマントラ。
「いまここで、ありのままに、静まり、安まり、癒されなさい」という意味。

・ハームー・サー
時空を超える「リモートヴューイング」のためのマントラなので日常でのジャパに使用することは出来ません。

※I AM HERE NOW フィールワークの会場で、適切な指導のもとで使用します。

【ディクシャを授かる】

天からもたらされる祝福、及び意識的に聖者やグル（霊的指導者）が人々に祝福を贈る神聖な行為を「ディクシャ」と言います。天の祝福・ディクシャを授かることで心身ともに祝福されたあなたは、源とのつながりが深まり、ダルシャンに酔いしれ、輝きを増していくのです。

・・・・・・・・・・・・・・・・・・・・・・・

年に1回開催される「水灯風在　サダークスペシャルワンデー＆GOPPA VISION」※にて、ディクシャを受け取ることが出来ます。

※水灯風在のレクチャーによるこの特別な1日は、「準サダーク」に認定されるとご参加頂けます。準サダークはここで水灯風在よりディプロマ（認定証）とシークレット・マントラ（聖句）を授与されることで、「アーバン・サダーク」として認定されます。
準サダークの認定を受けるためには、全国各地で開催されている「I AM HERE NOW フィールワーク」を1回受講したのち、瞑想会に参加する必

要があります。瞑想会は内容や段階に応じて幾つかに分類されています。「IAM HERE NOW フィールドワーク」を受講済みの方（フィールドワーカー）がご参加頂ける「ジャパ瞑想会」と「光のまなざし瞑想会」。その他に、アーバン・サダークに認定されるとご参加頂けるようになる「絶対にいまに居られる瞑想会」という特別な会場もあります。

秀麗な音楽とアーバン・ヨギの直接誘導瞑想を体験することが出来る瞑想会は、あなたに素晴らしい体験を授けてくれるでしょう。

さらに、本書をお読みになり「I AM HERE NOW フィールドワーク」にご興味を持たれた方であれば、どなたでもご参加頂ける「サットサングLABO」という会場もあります。アーバン・サダークはそちらを主催することも出来ます。

アーバン・サダーク認定までの3ステップ

「I AM HERE NOW フィールワーク」

↓

「ジャパ瞑想会、または光のまなざし瞑想会」

↓

「水灯風在 サダークスペシャルワンデー&GOPPA VISION」

詳細は

I AM HERE NOW ホームページ

https://www.atelierune.com/iam-here-now/

をご覧になるか、または

アトリエユンヌ 株式会社

0120-59-0301

までお気軽にお問い合わせください。

2　いまここからの永遠

●「聖なる気づき」から「大いなる目覚め」そして「永遠なる到達」へと至る道『I AM HERE NOW フィールワーク』

次に光の存在が教えてくれた「光の授業」は、いわゆる「悟り」と言われていることについてです。

「悟りをひらく」と聞くと、私たちは「厳しい戒律」「難行苦行」など、「楽しい生活」からかけ離れたイメージを連想してしまいます。

そして、特別な聖人君子だけがたどり着くことが出来る特別な境地なのだと、諦めてしまいます。

ところが、本当は望み求めさえすれば、誰しもが到達し得る美しい愛の境地なのです。

ゆえに光の存在は、悟りへと向かう道のことを【いまここからの永遠】と云います。

【いまここからの永遠】とは「聖なる気づき」から「大いなる目覚め」そして「永遠なる到達」へと至る道なのです。

聖なる気づき

魂の目的（ライフパーパス）に気づき、思考活動より**フィール活動（感じる）**を優先し、**「いま」**を愛し、**「ここ」**に感謝し、**「ありのまま」**に感じて楽しむ「Ｌｏｖｅ　Ｔｈａｎｋｓ　Ｅｎｊｏｙ」に励みながら、宇宙の摂理である拡大繁栄と同調し、「成長し続け、幸せで居続ける」という人生の**「成幸」**に向かって活き活きと歩んでいる状態。

ピンクゴールドの輝き。

大いなる目覚め

「聖なる気づき」がさらに深まり、遥かなる輪廻転生を全て経験した大いなる自己、グレートセルフの英知と完全に合一した状態。

真実に目覚め、魂本来のありのままの自己、「愛」そのものになること。活きることそのものがダルシャン。肉体レベルまで輝きはじめ、まわりに愛と光を放射する状態。

クリスタルとアメジスト紫の輝き。

永遠なる到達

至福の境地サマーディ。魂の最終ピークパフォーマンス、内なる源「エターナルセルフ」との完全なる合一。生老病死、輪廻転生など、宇宙の全ての制約からの解放。

ＩＡＭ（仏陀・キリスト意識）への到達。

ダイヤモンドの輝き。

新しい光明の時代の道標…いまここからの永遠

「聖なる気づき」から「大いなる目覚め」、そして「永遠なる到達」へと至る道。

それが、あの『光の授業』を通して天からもたらされたフィールドワーク「ＩＡＭ ＨＥＲＥ ＮＯＷ」なのです。

ここからさらに一つずつ、大切なことをお伝えしましょう。

I AM HERE NOW いま・ここ・ありのまま

●「いま」を愛する…Love

宇宙には「いまこの瞬間」しか存在しません。

過去も未来も一切存在しないのです。たとえ過去に苦しみ未来を怖れたところで、それは全く存在しないのです。

私たちが源とセルフにつながり、愛と英知を受け取れる場所は「いま」をおいて他に無いのです。

天のギフトを受け取れる唯一のタイミング、それが「いま」なのです。

私たちの求めて止まない「輝かしい未来」も、結局のところ「いまこの瞬間」を大切に手厚く愛して、それを累々《るいるい》と重ね続けた結果の源からのプラサード（贈り物）なのです。

英語で「現在」のことを「プレゼントタイム」と言うのもその表れだと、光の存在は云います。

また、「いま」を愛する無償の努力のことを、光の存在は「天上貯金」と云うのです。

お預けした貯金は、私たちの人生に完全なタイミングをもって「多大なる恩恵」として、また私たちにもたらされるのです。

よく言われている「人事を尽くして天命を待つ」という御利益待ちは、天が差し出す「いま」を愛することにも、天を信じることにもなりません。

「天明を信じて人事を尽くす」という思いで、愛と真心を込めて「いま」を「活きる」ことで、天の恩恵を授かることが出来るのです。

マザーテレサは云います。

「人生で最も大切なことは、なにを成すかではない。毎瞬毎瞬どれだけ真心を込められるかです」と。

「聖なる気づき」…多くの賢人たちが「いまを活きる」ことの大切さに気づいていたのです。

人生の不調和とは、心が現在から離れて過去や未来にとらわれ、唯一の実在である「いま」を粗末にすることから生じているのです。

『過去も未来も存在しない。あるのは現在というこの瞬間だけだ』

トルストイ

●「ここ」に感謝する…Thanks

宇宙があなたに与えてくれた唯一無二の場所
それが「ここ」なのです。

魂としての私たちは、太古より何度も何度も数え切れないほど、生まれ変わってきたのです。

それは、人生という舞台を通して魂を成長させるためなのです。

宇宙の源は、愛という名の知性です。

それは、この宇宙の全てを永遠に拡大繁栄させ続けるという意図をもった知性なのです。

源のひな型である私たちの魂の中心、セルフの唯一の望みは、源と同じ愛の表現、「共に活かし合い共存共栄する」こと。すなわち私たちの魂の目的（ライフパーパス）とは、人生を通して「共に成長し、幸せを分かち合うこと」を奉仕を通して学ぶことなのです。

私たちは、源が人生に差し出してくださる環境である「ここ」というカリキュラムの実習を通して、宇宙の本質「愛」を学ぶのです。

そして私たちは幾たびの過去生の経験から、私たちの成長と幸福の追求にぴったりな次の環境と、魂の縁《えにし》（特に両親）を選んで生まれてくるのです。

私たちは中間世（あの世）では魂の状態です。

気高き魂の状態のとき、私たちは過去生の修正を願い、自ら過酷な人生を選ぶ場合もあるのです。

さらなる魂の成長と幸福のために…。

そうして私たちは「ここ」を自らで選び、源が「縁」を完全なタイミングで差し出してくださっているのです。

そうです。「ここ」に感謝するとは、源が差し出してくださった縁である環境で、この有り難き人生を受け入れ、愛するということなのです。

愛を学び、美しく人生を活きるために…。

人生を開拓する第一歩は、過去の痛みや未来への怖れを手放し、他人や自分を許し愛する努力をすることです。（本書にて詳しく後述）

そして…「いま・ここ」にある全てに感謝を捧げることです。

「ここに感謝」することこそが、源とのつながりを深め、魂の本来の力「温かい真心」を取り戻させてくれるのです。

サイユガ…光明の時代の夜明けである「いま・ここ」から…。

あなたの世界「ここ」に感謝を込めて、温かい真心の奉仕に活きることで、あなたの人生は愛に溢《あふ》れ美しく輝き、全てがうまくいくのです。

感謝は心を温めます。「心温かきは万能なり」なのです。

万能なる力、完全なる自由、永遠の美、無条件の愛である「源」。その懐《ふところ》「ここ」に感謝して、報恩を活きましょう！

●「ありのまま」を楽しむ…Ｅｎｊｏｙ

私たちは皆、源から生まれてきた神聖なる魂です。

自由意志と自己責任を与えられ、人生における愛の行為を通して、**成長するた**め**と幸せで居続ける**ために、この人生を選んできたのです。

そして、源の創造の力はセルフとして私たちに内在しています。

よって、私たちは**人生の全て（何から何まで）を自分で創っている**のです！

宇宙は自由意志と自己責任による創造の原理で出来ています。

人生の出来事は、あなたが採用したアイデアがあなたに引き寄せられ起きているのです。

例えば、あなたがいつも口癖のように「どうせ私なんか」というアイデアを採用し続けていたとします。

すると、あなたの選択の当然の結果として、必ずや現実の世界で「どうせお前なんか」という言葉を聞くか、もしくはそのような扱いを受けてしまうのです。

自分をどのように扱っているか、評価しているか、どのような人生観を選択し採用しているか、それがあなたの人生を創造するのです。

ではなぜ、私たちはわざわざ不幸な選択をしてしまうのでしょうか。

その一番の理由は、なんと「思考」こそ本当の自分であり真実だと、思い込んでしまっていることなのです。

しかし、思考は本当の自分ではありません！

思考とは本来、道具として使うべきものです。

ところが、多くの人々が思考こそが本当の自分だと思い込み、思考を道具として使っているのではなく、思考に奴隷のように使われ、とらわれているのです。

いったい「本当の自分」はどこに行ってしまったのでしょうか…。

「本当の自分」とは、魂に気づき目覚めている自分のことです。

源の愛と光につながり、セルフの英知とつながっている自分です。

思考を超えた永遠の世界にアクセスすることでしか「愛」「美」「自由」「創造」「平安」「喜び」「豊かさ」「静寂」など、本当に価値のある、かけがえのないものを人生で経験することは出来ないのです。

英知とつながり目覚めていなければ、気づくことすら出来ないのです。


あなたの内《なか》の英知・セルフは、かたときも休むことなく、あなたに愛をもって働きかけています。

あなたが愛を学び、成長するため、幸せで居続けるため、繁栄するために、愛の情報を贈り続けています。

いついかなるときも、あなたを守り導いているのです。

あなたが人生をありのままに楽しむための、あなたが輝かしい人生を送るためのアイデアは、あなたの「思考」からではなく、あなたのハートの中心「愛の英知」から、もたらされるのです。

思考の性質である、独断、偏見、批判、計算、憶測だけによる合理性、こだわり、とらわれ、枠付け等々の偏狭《へんきょう》な色メガネが情報源では、全てが制限され歪《ゆが》んで見えてしまいます。

それでは、そうであるものを「ありのまま」に楽しむことは出来ません。

英知から情報を受け取れる唯一の方法は、思考活動を中断して、ピタリと「いま・ここ」にいて「ありのままに感じる」を楽しむことなのです。

この**「いま・ここにいて、ありのままに感じる」**ことを、光の存在は**「フィール」**と云います。

絶え間なくしゃべり続ける思考に静寂のスペースをつくるたびに、そのスペースには魂からの愛の英知「フィール」が、輝きながらやって来るのです。

そうして、頭の中のノイズは遠のき、静かな安らぎが訪れます。

同時に、光の中で目覚めているような喜びを味わうのです。

『光あるうちに光の中を歩め』
トルストイ

何千年も続いたカリユガの時代（男性性の時代・暗黒の時代）から、サイユガの時代（女性性の時代・女神の時代・光明の時代）への移行が始まった今の状況は、ある意味、思考とフィールの関係に似ています。

左脳的で性質が男性性の「思考」が、右脳的で性質が女性性の「フィール」を支配する時代は終わりを告げたのです。

新しい時代は女神の時代です。女性性「フィール」が男性性「思考」をリードして、ともに活かし合い、バランスをとり、見事なハーモニーを奏でる時代なのです。

ありのままの「フィール」に従い、それを楽しみましょう！

●いま・ここ・ありのまま

いまを感じ、愛する（Ｌｏｖｅ）
ここを感じ、感謝する（Ｔｈａｎｋｓ）
ありのままを感じ、楽しむ（Ｅｎｊｏｙ）
それこそが、いまここからの永遠
「聖なる気づき〜大いなる目覚め〜永遠なる到達」への道。

感覚感性を研ぎ澄まして「ありのまま」にフィール（感じる）を楽しんでいるとき、私たちは完全に「いま・ここ」にいます。

しかし考え込んでいるときには、思考活動の性質上、私たちの意識は必ず過去や未来に移動してしまいます。

多くの場合、過去は「痛み」、未来は「怖れ」に属しているので、それらの感情に支配されてしまいます。

その状態では、英知からのフィールを受け取ることが出来ません。

そうです。**思考活動がピタリと止まり、鮮烈に「いま・ここ」で「ありのまま」に感じて楽しんでいるときだけが、セルフからの愛と英知につながることが出来る唯一の瞬間なのです。**

「いま・ここ・ありのまま」、そして「I AM HERE NOW」

このマントラを口癖にしたり、ジャパに励むことも、愛と英知につながるとても効果的な方法です。


意識を思考活動（思い込み、決めつけ等）に依存させてしまった結果、私たちは「過去と未来、善と悪、多いと少ない、幸と不幸」などの対立を作り出してしまいました。

そしてその対立こそが、全ての苦痛や困難の原因なのです。

私たちが、それらに与えてしまった温かい力を取り戻し「永遠の平和・喜び・豊かさ」へと到る方法。

それが「いま・ここ・ありのままＩ ＡＭ ＨＥＲＥ ＮＯＷ」なのです。

3　ヴァイタルフォース

●活かし合いの力

次の「光の授業」は、**源の大いなる力・宇宙の活力・活かし合いの力**についてです。

それらを総称して「ヴァイタルフォース」と呼びます。

永遠の源とは、**螺旋《らせん》を描きながら拡大繁栄し続ける意図をもった、愛と光の意識**なのです。

そして大宇宙は全てが、「源の愛の意識——共存共栄（活かし合い）の法則」の中に在るのです。

ヴァイタルフォースとは、源から私たちと万物全てに絶え間なく注がれている大いなる活力であり、愛のエネルギー、プラーナ*なのです。

同時に、その力は私たちに内在し、引き出され活用されることを待ち望んでいるのです。

*プラーナとは、ヴァイタルフォースの息吹く力・生命力・癒やしの風・風のエレメントに属する。

この神聖なる力「ヴァイタルフォース」には、5つの働きがあります。

その5つの活力は、螺旋を描きながら永遠に拡大し続けているのです。

そうです。**ヴァイタルフォースとは、源の愛の力なのです。**

なんと私たちは、その無尽蔵の「万能の力」を積極的に受け取り、さらに自己の内奥《ないおう》からも引き出すことが出来るのです！

誰もが愛にあふれた「活かし合い」の豊かな人生を送ることが出来るのです！

源、そしてセルフは、私たちが活き活きとした幸せな日々を楽しみ、成長繁栄し続けることを永遠に望んでいるのです。

●万物を繁栄に導く5つの力　ヴァイタルフォース

第1の力　意図（Power of Intention）

——決意し希求する意志の力——

私たちの魂の純粋な願いは「成幸」です。成長と幸福感を継続拡大することです。それがすなわち、魂の目的「ライフパーパス」なのです。

私たちが魂の状態にある「温かく美しい中間世（あの世）」では、魂のレッスンや苦難がありません。

私たちの気高き魂は、さらなる成長の充実感と幸福感を求め、それぞれの魂に最適な環境を自ら選んで、現世（この世）に生まれてきます。魂の中心セルフが差し出す「人生」という完璧なカリキュラムを学ぶためです。

魂は自らの意志で我が魂の成長拡大を決意希求し、ワンネスに向かって何度も何度も生まれ変わるのです。

魂を「成幸」へと導く第1のヴァイタルフォース。

それが、意図する力「Power of Intention」なのです。

第2の力　創造（Power of Create）

――何でも創り出せる力。生み出せる力――


欲しいものを手に入れる力。成りたい自分に成れる力。

私たちが中間世で、現世に生まれたいと希求し意図したことで実際に生まれて来ることが出来たのは、この第2の力が働いてくれたからです。

私たちが人生で何でも創り生み出すことを可能にしてくれる第2のヴァイタルフォース。

それが、創造の力「Power of Create」なのです。

第3の力　成長（Power of Growth）

――成長させる力。育《はぐく》む力――

万物が生まれ育つのは、この力が働いているからです。

私たちや社会、そしてあらゆるものの魂が健全に育まれ成長するために、宇宙から注がれている第3のヴァイタルフォース。

それが、成長の力「Power of Growth」なのです。

第4の力　変容（Power of Transformation）

――変化する力。飛躍へと導く力。執着を手放す力。休息する力。癒す力――

私たちは生まれることを意図し、生まれ来て成長し、死にます。

しかし実際には私たちは死んではいません。

さらなる飛躍のために変化変容しているだけなのです。

死とは、あたかも一粒の種がポトリと地に落ちるようなものです。

やがてその種は生まれ育ち、たくさんの実を結び繁栄拡大していくのです。

四季の移ろいが美しいのは、淀《よど》み滞《とどこお》らずに、より豊かな果実を実らせるための天の計らいなのです。

魂の目的・ライフパーパスである「成幸」の果実をたわわに実らせるためのフィールド移行が、トランスフォーメーションです。

さらに広い空間にフィールドを上昇させることで、魂のキャパシティを拡大へと導く活力です。

個人であれ、社会であれ、さらには時代ですら、あらゆるものの成長のプロセスの先には、必ずや拡大に向けて飛躍へと導く好機が訪れます。

暗黒の時代カリユガから、光明の時代サイユガへの移行が始まった今日、時代レベルでの歴史的好機が到来したと言えるのです！

まさしく変容の時代、人類飛躍への道、光の門が開かれたのです。

私たちの人生にも、宇宙が絶妙なタイミングで変容のチャンスをもたらしています。

「I AM HERE NOW」を実践して感覚を研ぎ澄まし、宇宙からのサインを逃がさずフィールで受け取りましょう。

万物を癒やし、飛躍へといざなう第4のヴァイタルフォース。

それが、変容の力「Power of Transformation」なのです。

第5の力　拡大（Power of Expansion）

――拡がる力。全ての枠や制限からの完全な自由。繁栄する力――

私たちは執着を手放し、変容し飛躍します。その後にたどり着ける状態、その境地がエクスパンションなのです。

私たちが本当の意味で、拡がり繁栄することの出来る方法は、まず全ての執着を変容の力で手放してから、源からの「拡大する大いなる力」とつながり、そして一つになることで、枠や制限から完全に自由になることです。

私たちは死んでから（変容してから）、中間世で自由と拡がりを味わい、幸福感を満喫して、その美しさに酔いしれるのです。

そしてそれを充分に享受《きょうじゅ》したのち、魂はさらなる進化成長のためのサイクル、「次の人生」への転生を望むのです。

今までの輪廻転生での経験の全てに照らし合わせて、最も相応《ふさわ》しいレッスン・カリキュラムを与えられる環境である「ここ」を自らが選び、源が縁を用意してくださるのです。

私たちの魂は

「意図する→生まれる→成長する→変容する（死の経験）→拡大する→（中間世）→意図する」

このサイクルを繰り返し、螺旋《らせん》を描きながら拡大していくのです。

私たちが拡がり繁栄するための第5のヴァイタルフォース。

それが、拡大する力「Power of Expansion」なのです。

【ヴァイタルフォースの力を積極的に享受する方法】

宇宙の活力、源の愛の力…5つのヴァイタルフォースは今この瞬間にも、その全てが私たちと万物に注がれています。

同時に、全てに内在してもいるのです。

その力を存分に享受するには、まず強く望むことです。


なぜならこの宇宙では、**源のひな型である私たちには、源のごとく創造を活きる特権が与えられているからです。**

私たちは自分で、自分の世界を創っているのです。

思考で作ってしまった世界。ネガティヴな感情で作ってしまった世界。

そして、英知から流れくる美しい調べのごとき「直感的フィール」をよりどころとして創りあげた世界。

全て、自らが創り出しているのです。

宇宙は創造の原理に基づいて、自由意志と自己責任と奉仕による活かし合いで出来ているのです。

源は強制もコントロールもしません。ただただ無条件の愛をもって、ヴァイタルフォースを私たちに与えてくださっています。

意識的であれ無意識であれ、それを受け取るか受け取らないかは、私たちの自由なのです。

しかし、あなたの「ありのままの私」「魂の私」は、ヴァイタルフォースとつながり、その本質である「永遠の平和・喜び・豊かさ」と一つになることを強く願い意図しているのです。

究極的に、私たちの魂は輪廻転生で学びを繰り返し、源の愛の力「ヴァイタルフォース」と一つ（ワンネス）になるために、魂の成幸への道程「聖なる気づき」↓「大いなる目覚め」↓「永遠なる到達」への道を旅しているのです。

そうして、「死」すらも超越した「永遠の至福」へと、たどり着くのです。

その道程の指南書が本書「あるアーバンヨギの覚え書き」であり、「I AM HERE NOW フィールワーク」なのです。

それでは、ヴァイタルフォースを積極的に天から受け取り、さらには自らの内面からも引き出す方法をいくつか紹介しましょう。

・本書のヴァイタルフォースの項を熟読して、その性質のもつ「愛と光」をフィールで味わいましょう。フィールがつながりを強くします。

・源の愛の働きであるヴァイタルフォースに常に感謝しましょう。感謝がつながりを強くします。

・感謝の祈り*を捧げる。

・ジャパやプージャに励む。

・ダルシャンの喜びに浸《ひた》る。

・ヴァイタルフォースとつながることを強く願い、それを意図しましょう。

第1の力「意図する力」と、まずつながることです。

意図とは「持続された決意」のこと。

あなたの魂は、魂の目的ライフパーパスを活きることを決意しています。

それは、活かし合い（奉仕）の人生を通して、魂の成長と幸福感の継続を拡大することなのです。

そうです。**「何が何でも成長し続ける・何が何でも幸せで居続ける」**、この2つを決意し続けるのです。意図し続けるのです。

それによって他の4つのヴァイタルフォースにも連なり、つながっていくのです。

・「オーラとスピリットボディ」のセッティング状態*をキープする。

・呼吸を使ってヴァイタルフォースを積極的に取り込む方法「ヴァイタルフォースの呼吸*」を、毎日実践しましょう。あなたの人生と心身に、素晴らしく劇的な変化をもたらすことでしょう！

＊「毎日のジャパ瞑想」参照。

4 フィールとスピリットボディ

次の「光の授業」は、フィールとスピリットボディについてです。

●フィールと思考の違い

フィールとは「ありのままに感じる」ことです。

頭の声をオフにして、心（ハート）の声をオンにすること、ハートの奥の声に耳を傾けること、それがフィールです。

それに対して「思考」は決して「ありのまま」を語ることはありません。

フィールはあなたの魂レベル（精神のカラダ）を自由に駆け巡りますが、思考は肉体レベル（特に頭の中）だけを巡ります。フィールは源からのヴァイタルフォースやセルフからの英知を全身全霊で、ありのままに受け取ることが出来ます。

ところが、それを遮《さえぎ》ってしまうのが思考活動なのです。

ありのままに感じるフィール活動を、思考活動が思考の特質である「思い込み、決めつけ、偏見」等によって歪《ゆが》めているのです。

このように、フィールをありのままに感じることをせず、抑え込んだり、無視（感じないふり）をすると、エネルギーの流れは停滞してしまいます。

英知からのフィールを思考が「これは○○だ」と決めつけたり、偏狭《へんきょう》な解釈をすることで、むやみにネガティヴな感情をこしらえたりしてしまい、エネルギーを遮り、「ありのまま」を歪めてしまいます。

思考は私たちを「いま・ここ」から過去や未来に運んでしまうのです。

なぜなら、**思考活動とは過去の記憶と未来の憶測によってのみ成立しているか**

らです。

しかも残念ながら多くの場合、過去は「痛み」に、そして未来は「怖れ」に属しているのです。

「ありのまま」のフィールはとても心地よい感覚です。「喜びの感情」もフィールです。

宇宙の英知であるフィールは、あなたの意識が「いま」をしっかり感じているときに運ばれてきます。

そして、フィールをありのままに受け入れることは、すなわちハートを開いて喜びを招き入れることなのです。

フィールをありのままに感じることは、私たちの意識が魂の中心・セルフと調和し、ハーモニーを奏でることなのです。

このエネルギーの流れと愛の表現が思考によって遮られることで、全ての不調和や病気の原因が作られてしまうのです。

フィールに思考が「不幸のレッテル」を貼ったり、「病気の名前」を付けたりすることで、宇宙の愛の表現「ありのまま」が歪められ、ネガティヴな感情へと変身してしまうのです！

本来のフィールの限りない素晴らしさを「いま・ここ」で「ありのまま」に味わい、バラエティーに富んだ人生の出来事（カリキュラム）をどれだけたくさん楽しみ尽くすかが、私たちの活きる目的であり醍醐味なのです。

光の時代の新しい活き方、そして楽しみ方とは、フィールをありのままに感じて、ヴァイタルフォースを積極的に受け取り、分かち合い、あなたとあなたの周りの大切な人たちの人生をパワフルに輝かせることなのです！

そのための素晴らしい方法の一つに「スピリットボディでいる」というものがあります。

●スピリットボディに意識を向ける

スピリットボディとは、物質のカラダであるフィジカルボディに対して、精神のカラダのことを言います。

私たちは肉体（物質意識）と、精神（魂意識）とで形成されています。

また、あなたのフィジカルボディとスピリットボディのコネクションの状態は、気配としてあなたのカラダの周りに漂います。

その漂う気配のことを「オーラ」と言います。

あなたの肉体と精神の調和度や、生活状況に対するあなたの反応が「情報」として、オーラに表れるのです。

スピリットボディは、**覚醒した精妙なパーフェクトボディ**であり、フィジカルボディと密接につながっているべきものです。

フィールを思考（頭）ではなく全身で感じているときには、源からの愛のプラーナ（そのときのあなたに必要なヴァイタルフォース）が、あなたのスピリットボディを駆け巡ります。

日常の中で「いま」にいることを習慣にすることで、私たちは思考の波にのまれることなく、精神のカラダであるスピリットボディとしっかりつながっていられます。

スピリットボディでいられることは「いま」に錨《いかり》を降ろすことでもあります。

その、あたかも地に足がついた状態のことを**「グラウンディング」**と言います。

しかし、ほとんどの人々が意識を思考活動につぎ込んでカラダを留守にしていて、グラウンディングが外れているのです。

勘違いして欲しくないのですが、思考は正しく使いさえすれば「最高の道具」なのです。

ところが、私たちの多くが**思考こそ「本当の自分」だと思い込み、本来とても便利なツールであるべき思考に主導権を与えてしまっているのです！**

つまり、残念なことに道具にコントロールされてしまっているのです。

その状態を**「受動意識状態《じゅどういしきじょうたい》」**と言います。（第2章で詳しく解説）

また、他人の意見や外界からの情報に影響され考え込み、精神のカラダを留守にしてグラウンディングが外れてしまうことを**「ドリームアップ」**と言います。

この状態ではあなたのスピリットボディが弱まり、ヴァイタルフォースをふんだんに取り込むことは出来ません。

例えば、いつも気が重く落ち込んでいる人のスピリットボディは、カラダの下部へと重く沈んでしまいます。（オーラにその状態が映し出されます）

すると、カラダの上部はスピリットボディが不在になってしまうので、思考のエゴ的部分が活発になり、イライラしたり頭痛がしたりして、英知からの神聖で温かな情報やアイデアをキャッチ出来なくなるのです。

また、グラウンディングが外れ、いつも浮わついていて、しっかり現実にいない人のスピリットボディは上部に漂ってしまいます。

今度は逆にカラダの下部のスピリットボディが不在なので、足が冷えたりケガをしたり、さらには騙《だま》されるなど、足元をすくわれるような体験をします。

このように、意識が思考によって過去や未来に行ってしまっている人のスピリットボディは「いま」にいません。なんとエネルギーが不在なのですから！

それではヴァイタルフォースを受け取ることは到底できません。

私たちが魂の目的・ライフパーパスを活きるために英知とつながるには、意識を思考から解放させなくてはなりません。

その最もシンプルな方法は、**スピリットボディに意識を向ける**ことです。

スピリットボディは、私たちの心と魂の架け橋なのです。

私たちの意識が過去や未来、そして思考活動に支配されているとき、スピリットボディは不在になってしまいます。

私たちは「いま」にいて「ここ」でスピリットボディを「ありのまま」に**感じる**ことで、源からの愛のプラーナとセルフの英知につながることが出来るのです。

スピリットボディには病気はありません。スピリットボディを意識することを常に心がけることで、私たちは健康にもなれるのです。

人間関係においても、相手の内側に温かなスピリットボディを感じてみましょう。

相手の内側に、源の愛の波動を感じてみるのです。

相手から「源の美」を見出すのです。

外側の出来事に何があっても、その内側に在る美しいスピリットボディを感じることが出来れば、揺るぎない平安を得ることが出来ます。

常にスピリットボディを意識することを心がけていると、あなたの波動はどんどん高まり、人生が加速度的に変容します。

この高いエネルギーレベルでは、もはや様々な物事からネガティヴな影響を受けることはありません！

高い波動を反映した、輝くほど美しい「あなたの人生」を、磁石のように引き寄せましょう。

※スピリットボディでいる方法は１１４ページの「セッティング」を参照。

5　3つのS

次の「光の授業」は、私たちをより良い毎日へと導く、人生の三種の神器「3つのS」についてです。

成長と幸福感を享受《きょうじゅ》すること、すなわち「成幸」が魂の目的「ライフパーパス」です。

その経験を累々《るいるい》と重ね螺旋《らせん》を描きながら、私たちの魂は拡大繁栄していくのです。

『いまを愛し、ここに感謝し、ありのままに感じる。そしてスピリットボディでヴァイタルフォースを存分に補給し、愛と英知に満ちた豊かな人生を謳歌《おうか》する。そのために私たちが「いま・ここ」で、心がけ、励み、楽しむこと』

それが多くの受講者（フィールワーカー）の人生を変えた、宇宙の英知からの贈りもの「3つのS」です。

3つのSを日々実践する（心がけ、励み、楽しむ）ことで、あなたの人生は本来の輝きと豊かさを取り戻し、ありのままのあなたを活きることが出来るのです！

その3つのSとは

・サービス（奉仕）
・シェア（分かち合い）
・セルフトレーニング（自己修練）

のことです。それぞれの英語のスペルがSで始まっています。

そして、なんとこれらをインドのヨーガの世界では

・サービス（奉仕）を「セヴァ」
・シェア（分かち合い）を「サットサング」
・セルフトレーニング（自己修練）を「サーダナ」

と呼ぶのです。こちらもそれぞれのスペルがSで始まっています。

そこでフィールワーカーの間では、呼びやすさからヨーガ式のほうで呼んでいます。

それでは「3つのS」について、一つ一つお伝えしましょう。

●1つ目のS　セヴァ　奉仕

暗黒の時代カリユガ（男性性の時代）から、光明の時代サイユガ（女性性の時代・女神の時代）への移行が始まった今日、その性質上で最も波動の高い活き方・自己実現への道は「奉仕」をおいて他にありません。

神への道標と言われている伝統的ヨーガの数多い流派の中で、最も光の時代に相応《ふさわ》しいヨーガは「奉仕のヨーガ（カルマヨーガ）」であると、ある光の存在から「光の授業」で教えられました。

『ライトゲートが開かれ、サイユガへと移行が始まった今日、「セヴァ」の実践を常に中心に据えて3つのSに励むことで、魂の成幸への道「聖なる気づき」↓「大いなる目覚め」↓「永遠なる到達」へと導かれるのだ』と。

本当の自分（魂）は、奉仕を通して自己を成幸させることが出来ることを知っています。

他者への真心の奉仕こそが本当の自分の願いであり、それを行なうことで魂は癒されるのです。

それこそが本当の自分を愛するということであり、源へ愛を捧げる（プージャ）ということなのです。

光の時代では、エゴ（思考が作り出す闇の願い）の「オレ様の**楽**（ラク）」を生きるのではなく、魂の願いの「ひと様の**善**」を活きることが、永遠の平和・喜び・豊かさへの唯一の道なのです。

そして、奉仕のヨーガ（カルマヨーガ）を実践し活きる者のことを「ヨギ」と呼びます。

サイユガの時代では、昔のように俗や欲を捨てて出家をしたり、人里離れて難行苦行に明け暮れなくとも、**都会に暮らす庶民やアーティストにも、セヴァの精神、真心の奉仕を活きる者には「天啓…I AM HERE NOW」は訪れるのです。**

そう… 都会のヨギ「アーバン・ヨギ」となるのです！

ゆえに「光の授業」で授かった天の真理「I AM HERE NOW」のレポートである本書に「あるアーバンヨギの覚え書き」と名づけたのです。

セヴァとは、無私の精神（真心）で遂行される**世界への奉仕**です。源が創られた世界への奉仕は、すなわち全能の源への**「忘我《ぼうが》・報恩・献身」**なのです。

であるからこそ、全てが巧《うま》くいくのです。

「I AM HERE NOW フィールワーク」の3つのSを実践することは、すなわち私たちを活かしてくださる源への愛と献身なのです。

サイユガの時代では、衣食住・家族・友人・恋人・セックスなど、全ての世俗的な対象にも源の愛や光を見出し、愛と感謝と奉仕の精神で関わり楽しむことで、無欲の愛を育むのです。

宇宙は活かし合いの法則で出来ています。その中心が愛なのです。愛は万能で、温かい心・思いやりの心に宿るのです。

私が皆さんにおすすめしている効果的で素晴らしい口癖の一つに「心温かきは万能なり」という言葉がありますが、その本当の意味は、そういうことなのです。

そう、愛のある思いやりのエネルギーは、温かいフィールとして運ばれて来ます。

昔から世界で語られている、幸せな成功のための黄金律（ゴールデンルール）

「わたしがして欲しいことをあなたに奉仕する」

これも、宇宙の活かし合いの法則を見事に表しています。

ただしここで「して欲しい」とあるのは、思考が変形させた願望ではなく、あくまでもフィールが感じる、ありのままの願望のことです。私たちが宇宙の法則や自然の摂理と同調して活きるとき、人生に平和と喜びと豊かさが訪れます。私たちは本来、宇宙の在り方とそっくりに創造されています。愛の活かし合い「奉仕の精神の実践」を通して、本来**私たちは愛で出来ている**ということを思い出しましょう。ワンネスを思い出すのです！

すでに在ること、活かされていることに感謝して、感謝の表現として奉仕の精神を実践しましょう。


あなたに縁のあるものは、人であれ物事であれ、なにもかもが成長のためのカリキュラムか、幸せのためのギフトです。全て、あなたのための源からの贈り物なのです。あなたは、あなたの大切なものに何をしてあげられるのでしょうか。

宇宙の活かし合いの法則とは**「与えたものが、即、受け取るもの。捧げたものが、即、授かるもの」**なのです。

つまり、世界に奉仕したり貢献したりすることは、自分自身にそれを行っていることでもあるのです。まわりにも自分自身にも思いやりをもって温かく接することが、あなたを「聖なる気づき」へと近づけてくれるのです。

ここで、誰でもが世界に貢献するために毎日実践できる、奉仕の祈りをお伝えしましょう。光の存在はこの祈りを、最高の「セヴァ」だと云います。


その前にひとつ、宇宙の**面白い**法則についてお話ししましょう。

私たちが宇宙に祈り、リクエストしているとき、実は言葉と一緒に言葉と同じヴィジョンまでもが届いているのです。

例えば、「病気が治りますように」と祈りますと、「病気のイメージ」までもが届いてしまっているのです。

「いつかどこかで幸せになりますように」と祈りますと、いつまでも「いつかどこか状態」が続いてしまいます。さらに、自分自身にもそうやってイメージした波動を引き寄せてしまいます。

では、どうすればよいのでしょうか…？

答えはとてもシンプルです！

祈りを通して宇宙にリクエストするときは、**「望む状況が既に叶ったヴィジョン」**の言葉で祈ればいいのです。完了形の言葉でリクエストしてみましょう。

《例》　病気が治りますように

↓

日々の健康をありがとうございます

毎日の奉仕活動で**最高の「セヴァ」として、世界祝福の祈りを加えましょう。**

世界祝福の祈り
「世界は今まさに　何もかも全てが天の祝福
　アウム　アウム　アウム　アウム　アウム」

日々のセヴァの実践を心がけ、励み、楽しみましょう。

●2つ目のS　サットサング　分かち合い

「分かち合うと分かり合える」
「分け合うほど増えていく」
英語では「シェア」に当たるこの「サットサング」、それは「家族や恋人・友人や仲間・大切な人たちと、なんでも分かち合う」ということです。

感じたこと、出来事、喜び、豊かさ…なんでも分かち合いましょう。

分かち合うことなくして、活かし合い（共存共栄）の道はありません。

私たちは分け合い分かち合うことで、自然界の繁栄のリズムに同調することが出来るのです。

難しいことですが、「許し合うこと」もサットサングなのです。

「許せない感情」を手放すことで、そこに生まれたスペースに新たに天からの愛のギフトが双方に分かち合われるのです。


日々のサットサングの実践を心がけ、励み、楽しみましょう。

※会場などを設けてサットサングを行う際の注意点
「I AM HERE NOW」では、フィールワーク受講者の方を「フィール

ワーカー」と言います。また、さらに熱心にサーダナを実践し、認定された求道者（きゅうどうしゃ）を「サダーク」と言います。

フィールワーカーやサダークのような、双方が求道者同士のサットサング（サットサングLABOや瞑想会）は、同志と「聖なる気づき」を分かち合うための神聖な行為です。

あくまでも体験や気づきを話し合い、励まし合い、分かち合うことで、より洞察を深めることが目的です。

このような神聖な集いには、冷やかしや敵意の眼差しがあってはいけません。場のムードに注意して、マナーを心がけましょう。

●3つ目のS　サーダナ　自己修練

ここでいう自己修練とは、あなたの人生の成幸（成長と幸福感）に大変に役立つ「日々の祈りや瞑想法、そしてジャパや呼吸法」などのことです。

「I AM HERE NOW」の実践には不可欠なメソッドです。

かけがえのない自分の内面に意識を向ける行為です。

天にプージャを捧げ、魂にプラーナを授かる大切な行為でもあるのです。

私たちの魂が成長し、幸せで在り続ける「成幸」から、いまここからの永遠
「ワンネス」にたどり着くことを強力にサポートする方法です。

すなわち、「聖なる気づき」→「大いなる目覚め」→「永遠なる到達」へと導かれる、新時代のスピリチュアルメソッドなのです。


「光の授業」で光の存在は、それはそれは丁寧に一つ一つを教えてくれました。

今でもサーダナをするたびに、そのときのことが鮮明に甦《よみがえ》ってくるのです。

「光の授業」それは… 美しく光に導かれる時間でした。

私が光の存在から学んだあの美しいとき「日々のサーダナ」を、謹んであなた

とサットサングしたいと思います。

日々のサーダナの実践を心がけ、励み、楽しみましょう。

●日々のサーダナ

感謝・祈り・ジャパ・呼吸・瞑想

魂の成長と幸福、そして奉仕のための自己修練、それが「サーダナ」です。サーダナを効果的に実践するには、バランスのとれた美しく情熱のある生活を心がけることです。

あなたが何歳であろうと、つねに自分は若者であると認識し、若々しく美しく、無邪気で快活を心がけることです。

そして、光の時代に相応《ふさわ》しい「感謝・祈り・ジャパ・呼吸・瞑想」に励むこと、それがサーダナの実践なのです。

「光の授業」では、光の存在が「I AM HERE NOW」におけるサーダナを「毎日のジャパ瞑想」という方法にまとめて教えてくれました。


その説明の前に、前述の「ジャパ」について少し補足したいと思います。

日常生活の全てのシーンでジャパを励行しましょう。

例えば、心を込めて「Love Thanks Enjoy」や「アウム」などを詠唱しながら（声に出さなくてもよい）掃除をすると、お部屋全体が明るくなり輝きを増していきます。

ジャパをしながら料理を作ると、料理の味が格段に美味しくなり、よりヘルシーになります！

就寝時に「アウム・シャンティ・シャンティ・シャンティ」をジャパして眠ると、質の高い安らかな眠りを得られます。

そして、習慣的悪癖《あくへき》（ついついやってしまう、心身を害する嗜好《しこう》や耽溺《たんでき》、過去の経験からくるネガティヴ感情など）もジャパをすることで浄化され、あなたは悪癖から解放されます。

セヴァ（奉仕）をしながら、その場に合ったマントラをいつでもジャパすることも、肉体と精神の波動を上げ、精妙にすることにつながるのです。

さらには、源へのプージャとしてジャパを捧げると、源の愛を感じる深いダルシャンを授かります。

ジャパとは、源への献身でもあるのです。

ここでひとつ、悪癖のもととなる習慣を簡単に一転させることが出来る、とてもパワフルでシンプルな方法とツールを紹介しましょう。その方法とは、日々数え切れないほど無意識に繰り返している「つぶやき」を変えることなのです！

あなたの日常の「つぶやき」は習慣化してしまった思考と非常に密接です。それを成長や幸福に繋がるものに変えることが出来たなら、あなたは意図的に人生のベクトルを好転させることが出来るのです。私はそのために特別に導き出したつぶやきを「成幸のことだま」と名づけ、それを30日分の日めくりカレンダーにして毎日つぶやき続けることにしたのです。マントラ（聖句）をジャパし、成幸のことだまを日に何度も、まるでゲームのように楽しみながらつぶやくことで、30日後にはあなたの人生に奇跡が起きることでしょう！

（※アトリエユンヌにて「一日一生 今日のことだまパートナー」発売中）

それでは、日々のサーダナの要「毎日のジャパ瞑想」を、順を追って一つ一つ説明しましょう。

（一通りの説明のあとで、まとめ「毎日のジャパ瞑想・ダイジェスト」（159ページ）を後述してありますので、参照しながら毎日励行しましょう）

毎日のジャパ瞑想（※必ず順番通り進みましょう）

「光の授業」で光の存在より指導された瞑想法です。

マントラのジャパや呼吸などを順に行うことで源とつながることが出来る素晴らしいサーダナ、それが「毎日のジャパ瞑想」です。

毎日のジャパ瞑想を行う時間帯ですが、基本的には自由です。（朝が理想ではありますが）

行う場所はあなたが気持ち良いと感じる清潔なところが良いでしょう。その際、自身も清潔を心がけましょう。

なお、一連の順番に従いながら、静寂の瞑想（後述）のパートまでは毎日励行しましょう。

●『セッティング』

ジャパ瞑想を始めるときには、まず「セッティング状態」を作ります。

（一日中セッティング状態でいるのが理想的）

まず両足を肩幅に開き、足の裏がしっかり床に着くように椅子に座ります。

腰を立て、背筋を真っ直ぐに伸ばしてリラックス、肩を落とし顎《あご》を軽く引きます。

両手の平は上に向けて、膝《ひざ》の上に置きます。

次に全身を包む楕円《だえん》形のオーラを意識します。オーラとは肉体とスピリットボディのコネクト状態が精妙な気配として現れる情報層のことです。

また、オーラは情報センサーでもあるので、ギュッと引き締まり、その外郭《がいかく》がしっかり縁取りされていると自分の空間をきちんと所有していられますが、広げ

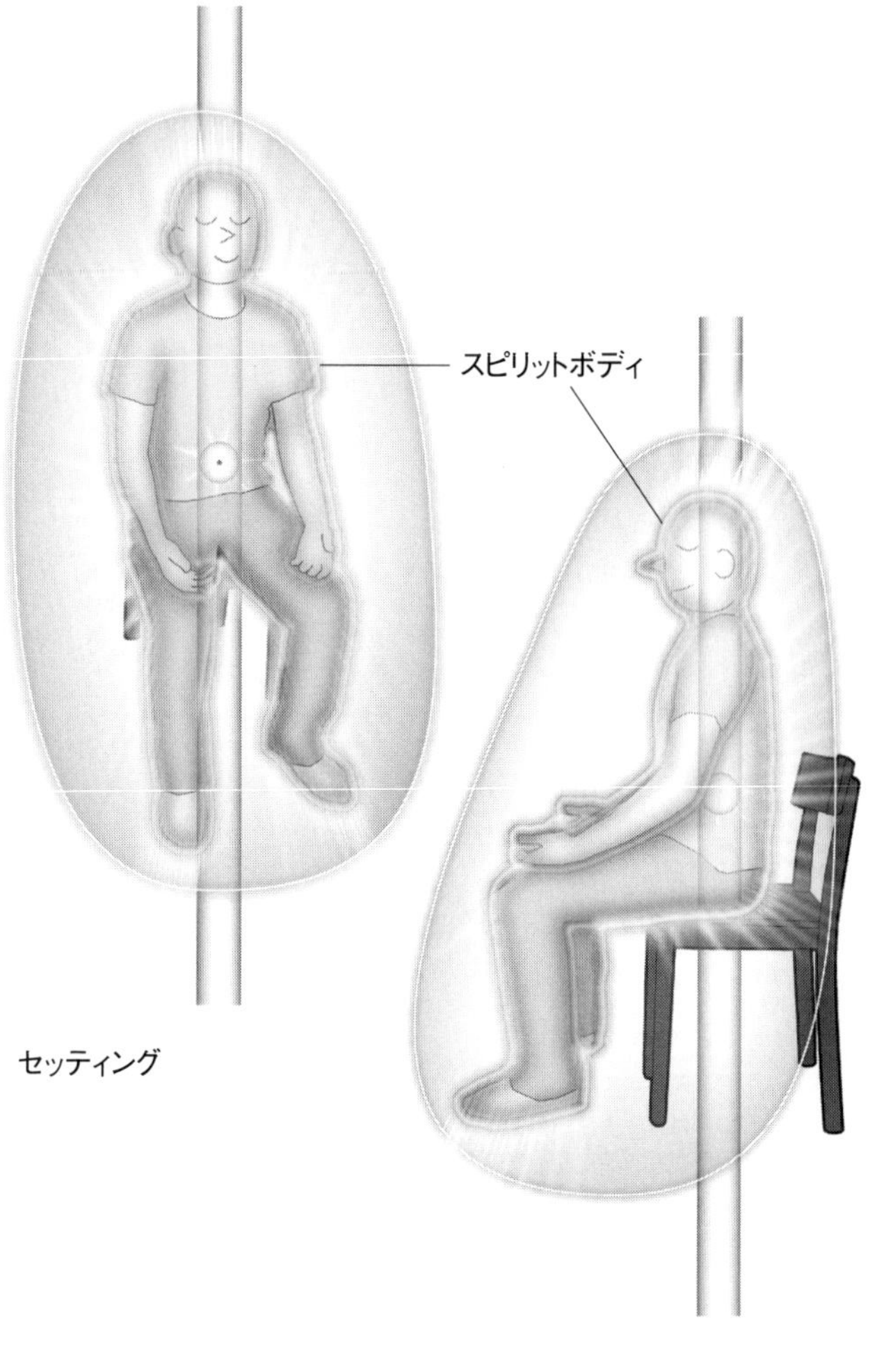

セッティング

過ぎると他人のオーラ（情報層）と交わって混乱してしまいます。

例えば、悲しんでいる人とオーラが交わってしまうと、なぜかあなたまで悲しくなってしまう、というように。

あなたが純粋にあなたで在れるよう、オーラをカラダの周りにギュッと引き寄せ、オーラの外郭に金色の縁取りを施《ほどこ》してください。

やり方は簡単です。「オーラが自分のカラダから40センチ以内に引き寄って、金色に縁取られている」と、しっかり意識することで、あなたのオーラはそれに従います。このとき「できない」と難しく考えるのではなく、「そうなった」と完了形でイメージすれば、オーラはそうなります。

次にセンターを意識します。センターとは私たちのカラダの中心のことです。よく丹田やチャクラなどが中心だと耳にしますが、それらはエネルギーポイントでもあるので、そこに意識を向けると、その部位の働きや個性の影響を受けてしまいます。（例　好戦的なサバイバルモードになる、感傷的になるなど）

そのような**個性の影響を全く受けないニュートラルな場所、それがセンターなのです。**

センターの位置は、おヘソのちょうど後ろ、カラダの真ん中です。

そこにテニスボールぐらいの光の球があると意識してください。

次に、**一直線**を意識します。「一直線」とは、天上からあなたのカラダを通って地球の中心まで貫いている、光の柱（ビーム）です。

「天上→頭頂→センター→肛門の少し前（会陰）→地球の中心」

これらを貫いている一直線の内には中心的8つのチャクラもあります。

（光の時代では、よく言われている7つのチャクラにさらにもう1つ加わります。頭頂のチャクラのさらに15センチぐらい上に、8つ目のチャクラがあります）

一直線の貫きを意識して強化することで、しっかりと「いま・ここ（HERE

NOW)」にグラウンディング出来るのです。

（グラウンディングとは、とても安定して地に足がついている・しっかりとつながっている状態のことです）

次はオーラの中です。引き寄せたオーラの中には様々な情報が漂っています。疲れ、不調、過去の情報、未来への心配、イライラ、緊張感など。

その「あなたのいま・ここに属さないと感じられるもの」の全てを、大胆にセンターに集めて、それを一直線を通して、思いっきり地球の中心に流してしまいましょう！

地球の中心は、エネルギーを本来の状態へと**純化**させてくれる、リサイクル工場です。このことで汚れることも澱《よど》んだりすることもありません。

この様にしてオーラをクレンジングしたら、次は地球の中心から「母なる大地の**豊かさ**のプラーナ（金色の光）」を、天上からは「神聖なる天の**平和**のプラーナ（クリスタルの光）」を、一直線を通してセンターに集めます。

さらには、呼吸（鼻呼吸）を通して、大気からは「活き活きとした大気の喜びのプラーナ（ローズピンクの光）」を吸い込み、センターに集め、3つのプラーナ全てを混ぜ合わせます。

混ぜ合わせたプラーナは「ピンクゴールド」に光輝きます。

そしてセンターは、その集めたピンクゴールドのプラーナを、あなたのオーラの中いっぱいに勢いよく満たしてくれます。

センターには素晴らしいポンピング作用があるのです。

全身からオーラの端までをピンクゴールドのポンピングで浄化しプラーナで満たすことで、チャクラや経絡の浄化活性化にもなります。

それは実に素晴らしいコンディションをあなたにもたらします。

次は「スピリットボディ」を意識します。

私たちのカラダは「物質のカラダ（フィジカルボディ）」と「精神のカラダ（スピリットボディ）」で出来ています。

どちらもエネルギーで出来ていて、波動があり意識があります。

より精妙なスピリットボディの意識にフィールでつながることで、フィジカルボディの波動も高まるのです。

徐々に波動が上がり、より精妙になる事によって、究極的には私たちは若返りから不老、ついには肉体的な全ての制限からも解放されるのです。

その方法は簡単です。

まず全身が精妙なエネルギーであるスピリットボディで出来ているのだと、強くフィール（感じる）します。

次に、全身を足元から頭頂まで（下から上へスキャニングの様に）精妙なエネルギーとして感じてください。

慣れてくると、スピリットボディを意識した瞬間、スピリットボディとつながるようになります。

セッティングの最後にアウムを5唱します。

「アウム　アウム　アウム　アウム　アウム」

※「A・U・M」のイメージを意識して。

これでジャパ瞑想の「セッティング」は完了です。

あなたの肉体と精神は軽やかで、なおかつグラウンディングしていて（地に足がついていて）、さらに波動を高める準備万端です。

この状態を**「セッティング状態」**と言います。

ジャパ瞑想のとき以外でもセッティング状態でいられたら、それだけでもあなたの波動は高まり、素晴らしい経験があなたに訪れるでしょう。

●『感謝の祈り』

セッティング状態になったら、次は感謝の祈りでスタートです。
感謝の祈りは最も大切なサーダナです。
合掌し、祈り言葉で祈りを捧げます。

「I AM HERE NOW（アイアム ヒア ナウ）
　永遠の源よ　光の存在たちよ　世界に愛と光を　ありがとうございます
　　感謝を捧げます　アウム　アウム　アウム　アウム　アウム」

※呼吸は鼻呼吸（ゆったりとした自然呼吸）

いついかなるときも、私たちを無条件の愛と光の英知をもって温かく守り導いてくださる存在、源、セルフ、そしてそこから放たれる役割や働きの違う光線…それが光の存在たちです。

私たちの魂を活かしてくださる存在に感謝を捧げることは、最も尊い行為でもあるのです。

感謝という架け橋が、つながりを深めてくれるのです。

そしてそのつながりが、守護の光を強めてくれるのです。

感謝の祈りは、あなたのまわりに守護のシールドを創ります。

ピンクゴールドのオーラの内に在りて源に感謝を捧げるということは、すなわち源の懐《ふところ》の中でダルシャンに満たされるということなのです。

いつでもどこでも、毎日祈りましょう。世界中で祈りましょう。

私は世界中の大自然の中、遺跡、神殿、教会、寺院、美術館、美しい街角、どこでもあらゆるときに、心の中で感謝の祈りを捧げています。

「いつでも守護の内に在る」という平安は、なにものにも代えがたい、かけがえの無いことなのです。

魂は生き通しです。何度も何度も生まれ変わっては無数の人格を経験して来ました。

その魂と人格を包んでくれた肉体は、先祖から頂いたのです。

感謝の祈りは、先祖に祈りを捧げることにもなるのです。

源の使い、光の存在たちは、それぞれに素晴らしい役割があります。

役割の違う光線…個性のあるプラーナ（ヴァイタルフォース）は、私たちが「I AM HERE NOW いま・ここ・ありのまま」の状態でスピリットボディになっているときに「光の存在」として認識できるのです。

感謝の祈りの最後には「アウム（AUM）」を5唱するのですが、それは全てを司る源（セルフ）と、宇宙の四元素と言われる「土・水・火・風」、すなわち宇宙の全てにジャパを捧げている（プージャしている）、ということなのです。

少し余談になりますが、フィールワークの中では、数字の「5」及び「5の倍数」が頻繁《ひんぱん》に使われます。それも光の存在からのアドバイスなのです。ヴァイタルフォースの5番目は拡大（エクスパンション）ですね。

そう、5は拡大の意味をもつ数字なのです。

完成数の10を2つに分け合い分かち合うとします。まず1と9に分けます。足すと10になります。掛けてみたらどうなるでしょう？ 9になりますね。

次に2と8ではどうでしょう。同じく足すと10ですが、掛けると16に増えました。さらに3と7、4と6、このようにやっていきますと、5と5が、掛けると25となり、完成数の10の内で最も拡大するわけです。

実は「5」とは繁栄数なのです。

日常に「5」をちりばめ、拡大のヴァイタルフォースとつながり、皆で豊かになりましょう！

私には「5」のイメージが、源（空）を中心に、四方に四元素が配置されているようにフィールで感じられます。

さらにスピリットボディで居続けると、私には四元素のエネルギーが四大天使「ウリエル・ガブリエル・ミカエル・ラファエル」として捉《とら》える（感じる）ことが出来るのです。

（「視《み》える聴こえる」は、せめてもの表現にすぎません。高次のエネルギーは、あくまで**ありのままに感じる**ことが大切です）

ここで四元素と四大天使の関係と、その役割について記述しましょう。

ウリエル

方位　北・前
元素（エレメント）　土
エレメントカラー　緑
役割　自然現象や太陽の運行・激励・温かさ
ヴァイタルフォース　第2の力・創造

ガブリエル

方位　西・左
元素（エレメント）　水
エレメントカラー　青
役割　天の啓示・霊的情報伝達・意志の疎通・清らかさ
ヴァイタルフォース　第1の力・意図

ミカエル（大天使長）

方位　南・後

元素（エレメント）　火

エレメントカラー　赤

役割　闇を照らす光・闇からの守護・幻想を断ち切る・力強さ

ヴァイタルフォース　第4の力・変容

ラファエル

方位　東・右

元素（エレメント）　風

エレメントカラー　黄

役割　旅・冒険・ヒーリング・育む・軽やかさ

ヴァイタルフォース　第3の力・成長

（宇宙の全ては、源の大いなるプラーナ「ヴァイタルフォース」によって、螺《ら》旋《せん》を描きながら拡大エクスパンションして行くのです）

光の存在を聖者やディーヴァ（女神や神々と呼ばれている神聖な存在）や、自然界の精霊として認識することもあります。
それぞれの存在が、専門の役割からプラーナやメッセージを送ってくれることもあります。

祈りを通して「いま」活かされていることに感謝します。
「いま・ここ」に既にあるものに感謝をして、大切にするのです。
感謝は全ての光の存在とのつながりを強めます。

さらには、これから起きる良いことまで先取り（既に叶ったと完了形でイメージ）して心から感謝をすると、矛盾を嫌う宇宙は、感謝に溢《あふ》れた愛と光の人生を創造しようと動きだすのです。

日常の色々な場面で「感謝の祈り」を習慣にしましょう。

※毎日のジャパ瞑想を途中のパートで終了する場合は、必ず「アウム（AUM）」を5唱してから、目を開けて「感謝の祈り」で終了しましょう。

●『5・5（ゴーゴー）呼吸』

次は呼吸法です。

私たちは宇宙に、源に、活かされています。

その表れの一つに自律神経があります。

私たちが意識していなくても、心臓は常に動いています。他の臓器においても然《しか》りです。

重要な身体恒常機能が、もし一時でもその動きや働きを止めてしまったら、私たちは生きていけないのです。それが自律神経です。

宇宙は一時も休むことなく、その働きを通して私たちを活かしてくれているのです。無条件の愛の表れとも言えますね。

その「活かす力」自律神経の中で、一つだけ私たちが意識して働きかけることが出来る機能があります。

それが呼吸です。そうです。呼吸は内なる宇宙と私たちをつなぐ架け橋なのです。

さあ、呼吸に乗って私たちの内面深くへと旅に出ましょう！

幾つかの極めてシンプルな呼吸法や呼吸瞑想が、旅への入り口です。

※I AM HERE NOW フィールワークでは、自然呼吸と幾つかの特別な呼

吸法を行いますが、いずれも全て**センターに呼吸を届ける**という意識で行ってください。

日常においても常にセンターを意識して呼吸することで、グラウンディングが強化されます。

5・5呼吸の方法

「感謝の祈り」のあとで行います。

目は閉じたまま、口ではなく鼻で呼吸します。

5カウント（1カウント1秒）で吸って、次に5カウント呼吸を止めて、10カウントかけてしっかりと息を吐ききります。

この鼻呼吸では、普段の無意識な呼吸と少し違い、吸うときも吐くときも呼吸の音が鼻の奥に少し響くようにします。少し力を入れ軽くしぼり出すような感覚で、呼吸の音は寝息のように聞こえます。この後にも登場するので、この呼吸のことを**「ウジャイ呼吸」**と覚えておいてください。

鼻呼吸に対して、口呼吸は体を冷やします。日々のサーダナや毎日のジャパ瞑想における呼吸は、全て鼻呼吸で行います。

鼻の通りが良くないときは、鼻をかむ、シャワーで洗うなど、鼻の通りを良くしてから行いましょう。

鼻づまりなどでどうしても鼻呼吸が困難な場合のみ、口呼吸を取り入れても構いませんが、その場合は呼吸をゆっくりと弱めにして、水分補給も忘れないようにしましょう。

リラックスして、温かいフィールを楽しみましょう。

自律神経の乱れが改善され、バランスも良くなります。

5・5呼吸は最低10回以上（理想は25回以上）繰り返しましょう。
※終了後は必ず自然呼吸で「アウム（AUM）」を5唱、ジャパします。

●『ヴァイタルフォースの呼吸瞑想』

5・5呼吸の次は、最高に心地のいい呼吸瞑想です。
源から積極的にプラーナを授かりましょう！

この呼吸瞑想は、呼吸とジャパ瞑想を組み合わせることで「源の大いなるプラーナ、活かす力、万能のヴァイタルフォース」を積極的に取り込むことが出来る、非常にパワフルな呼吸瞑想です。
ヴァイタルフォースを「一直線」と呼吸を通してセンターに集め、そこからカラダ、スピリットボディ、さらにはオーラの外郭《がいかく》・金色の縁取りの内側いっぱい

まで漲《みなぎ》らせることが出来るのです。（セッティング状態は最初から常にキープし続けましょう）

これにさらにジャパを加えることで、癒しのプラーナでもあるヴァイタルフォースを意識的に患部に送る「セルフヒーリング（自己治癒）」を施《ほどこ》すことも出来ます。この効果は絶大です！

あなたの人生に「平和・喜び・豊かさ」をもたらす万能ジャパ瞑想。

それが「ヴァイタルフォースの呼吸瞑想」なのです。

ヴァイタルフォースの呼吸瞑想の方法

まず「セッティング状態」になっているか、もう一度確認しましょう。

前述の「ウジャイ呼吸」と「自然呼吸」の両方を使います。

セッティング状態を意識しつつ、ウジャイ呼吸で吸いながら心の中で

「源の大いなる力が全身に行きわたった」と唱えます。

このとき、「一直線」を通して

足元からは「大地の豊かさ（金色の光）」がセンターへ

頭頂からは「天の平和（クリスタルの光）」がセンターへ

呼吸を通して「大気の喜び（ローズピンクの光）」がセンターへ

それぞれ注ぎ込むのをイメージします。その万能のプラーナであるヴァイタルフォースがセンターで一つになり、目映《まばゆ》いピンクゴールドの輝きとなって**センターからはじけるように**全身やスピリットボディ、患部、さらにはオーラの端（金色の縁取り）まで勢いよく行きわたらせます。これを「光のポンピング」と言います。

次に呼吸を止めながら

「永遠の平和・喜び・豊かさと一つ」と、**ワンネスを感じながら**心の中で唱えます。

次はウジャイ呼吸で吐きながら
「内なる愛と光が全身に満ち溢《あふ》れている」と心の中で唱えます。
このとき、**ハートから愛と光が放射している**とイメージします。
呼吸はしっかりと吐ききります。

次は自然呼吸で
吸いながら「アウム」
吐きながら「ナマ・シヴァーヤ」
と心の中で唱えて、宇宙の森羅万象へジャパを捧げて、呼吸を整えます。
この一連の流れを最低10回以上（理想は25回以上）繰り返しましょう。

※終了後は必ず、自然呼吸で「アウム（AUM）」を5唱、ジャパします。

ヴァイタルフォースの呼吸瞑想を毎日続けることで、あなたのカラダとスピリットボディは常に活き活きと力強く輝くようになり、あなたは本来の「ありのままの魅力的なあなた」になります。

そして、あなたの人生に平和と喜び、豊かさが引き寄るのです。

●『世界祝福の祈り』

次は、セヴァ（奉仕）の祈りと呼吸です。

『世界への祝福を呼吸と共に祈ることは、地球上で最大のセヴァ（奉仕）である』と光の存在は云います。

それは光の時代のアーバン・ヨギに最も相応《ふさわ》しいカルマヨーガである、と。

世にも人にも、魂が宿っています。そして魂には「夢を叶える」という目的がありますｌ。それは…


成長し続けながら幸福で居続けること。

世界と人類の成長と幸福に貢献すること。


そう、世も人も「成幸」が魂の目的なのです。

その目的にかなった「やりたいこと・なりたいこと」が「夢」。

世の「夢」、人の「夢」――それを叶えるための真心の奉仕こそが最高のセヴァであり、それを真心込めて祈ることが最高の「祝福」なのです。

それが自分を祝福すること、そして愛することなのです。

そうやって魂は源とワンネスになっていくのです。

それこそが「天の祝福」なのだ、と。

そう光の存在は教えてくださいました。

世界祝福の祈りの言葉

「世界は今まさに、何もかも全てが天の祝福」

「そうなりますように」ではなく「すでに叶っている」というヴィジョンで、祝福された完全な世界を「いま」現在完了形で祈ることは、私たちが「いま」出来る最高のセヴァ。天に徳を積む、言わば「天上貯金」なのです。

この天上貯金への源からのディクシャ、天の祝福の恩恵は計り知れません。

この祈りは毎日のジャパ瞑想では、ウジャイ呼吸と円環《えんかん》呼吸とを組み合わせた**「円環ウジャイ呼吸」**という呼吸法で行います。

まずはセッティング状態をキープしたまま、自然呼吸で呼吸を整えます。

呼吸を整えたら、今度はウジャイ呼吸です。
吸いながら「世界は今まさに」
吐きながら「何もかも全てが天の祝福」
と、声には出さず心の中で唱えながらウジャイ呼吸します。

このとき、吸う息から吐く息への変換に境《さか》い目《め》をつけないで、途切れず円を描くようにスムーズに「吸う↑↓吐く」を移行させてください。それが円環呼吸です。（慣れれば簡単です）

つまり円環ウジャイ呼吸とは「ウジャイ呼吸＋円環呼吸」ということです。

この祈りでは、天の祝福（ディクシャ）による円満な世界をフィールで感じましょう。

毎日のジャパ瞑想の中では、「世界祝福の祈り」は最低25回以上行いましょう。

※終了後は必ず自然呼吸で「アウム（AUM）」を5唱、ジャパします。

●『静寂の瞑想』

この瞑想は必ず「世界祝福の祈り」の後、セッティング状態で行いましょう。天の祝福（ディクシャ）とジャパによって、深い安らぎとダルシャンが得られるジャパ瞑想です。

源の愛と光の中、喜びに満たされながら、くつろぎ、静寂に酔いしれ、心の平安を取り戻します。

ゆったりとした静かな自然呼吸を心がけて、静寂のマントラ「アウム・シャンティ・シャンティ・シャンティ」を心の中で静かにジャパします。

何度も繰り返しジャパします。時間は…あなたの好きなだけ。

※終了後は必ず「アウム（AUM）」を5唱、ジャパしましょう。

毎日のジャパ瞑想の「静寂の瞑想」までは、毎日励行しましょう。
（最低毎日1回、時間帯は自由ですが朝に行うのが理想です）

●『光の存在への祈り』

この祈り瞑想は、前述しました天使や光の存在たち（ガイドスピリット）に私たちのほうから近づいて、守り導いていただく瞑想です。

「高い次元の動機」と呼ばれる高次の意識、役割の違う光線は「光の存在」として精妙な波動と神聖なる愛の意識をもって存在しています。

天の使い手として、セルフの使い手として、守り導いてくださるガイドたちは、私たちに無条件の愛で働きかけてくれているのです。

源からの光の使者たちが、私たちのライフパーパスである「魂の成長と幸福」

＝「成幸」へと、いつも導いてくれているのです。

宇宙は「活かし合い」そして「自由意志と自己責任」という完全なる創造の原理で出来ています。

ゆえに光の存在たちは、私たちが自らの意志で求め訪ねてくることを、ずっとずっと待ち望んでいるのです。

そして光の存在は云います。

『私たちはあなたのお世話やお守りをしたいのではありません。私たちはあなたが自立し、魂に目覚め、本当のあなたを活きるためのお手伝いをしたいのです。そして、あなたを深く愛しているのです』と。

さあ！ 私たち自らの意思で光の存在に会いに行きましょう。

「光の存在への祈り」で！

この祈りを行うために、世界祝福の祈りの後（静寂の瞑想の後でも良い）、まずセッティング状態の再確認をします。**特にスピリットボディをしっかり意識してください。**

全身、そしてスピリットボディからオーラの端（金色の縁取り）までピンクゴールドに染め上げます。（そのように意識すればいいのです）

自らの波動が上昇し、光の存在に近づいているのだと意識します。

あなたの「いま」に最も相応《ふさわ》しい光の存在とのつながりを意識して、温かい光に包まれているのを感じてください。

次にあなたの左手をあなたのハートの上に置きます。

ハートの位置は、あなたが「心を込めて」と思うとき、自然と手が収まる胸の場所、温かくなる胸の中心です。（そこがハートチャクラです）

それから…心を込めて祈ります。

セヴァの精神、奉仕の志を込めて「私」だけではなく「私たち」のために祈りましょう。

光の存在への祈りの言葉

「天の使い守護の光よ、私たちの道を照らし給え

アウム　アウム　アウム　アウム　アウム　アウム」

と心の中で唱えます。なんと、このとき傍《かたわ》らにはあなたの「いま・ここ」に最も相応しい守護天使、及びマスターや先祖などの光の存在が、あなたを優しく包み抱きしめてくれているのです。

たっぷりとその感覚を「ありのまま」に味わいましょう。

このとき、あなたの願いや尋《たず》ねたいこと、助けてもらいたいことを素直に伝えます。

願い事の場合は、現在完了形で伝えましょう。

例えば「旅行に行けますように」ではなく

「素晴らしい旅行を楽しんでいます。ありがとうございます」もしくは「素晴

らしい旅行を楽しみました。ありがとうございます」と。

すでに叶っていて、それに感謝しているように伝えるのです。

（第2章で説明しますが、ネガティヴな感情の解放などはこの箇所で行います）


じっくりとプラーナを感じる（ダルシャンに浸《ひた》る）ことが出来たら、今度はあなたの右手を、ハートに置いた左手の上に優しく重ねてください。

その温もりは、天使の温もりです。光の存在の温もりです。

温かいふれあいの温もりです。

そして…思いが届いた証《あかし》なのです。

この祈りの最後には
「天のご意志が成されますように
　アウム　アウム　アウム　アウム　アウム」

と唱えてください。

両手を膝《ひざ》の上に戻して、「光の存在への祈り」を終わります。

しばらく温かい余韻《よいん》を感謝と共に感じましょう。

●『セルフの瞑想』

毎日のジャパ瞑想の最後は「セルフの瞑想」です。

セルフの瞑想は、あなたの内《なか》の大いなる自己「グレートセルフ」の英知とつながり、その大いなる愛と一つになる瞑想です。

前述しましたが、永遠の源の本質としての「愛」は、あらゆる生命に宿っています。つまり、私たちの内《なか》にも源の愛のエッセンスが大いなる自己「グレートセルフ」として宿っている、ということです。

そしてさらにその奥深くには
「永遠なる到達・ワンネス・内なる仏陀・キリスト意識・I AM」である「エターナルセルフ」
が宿っているのです。

「光の授業」で光の存在は、このように教えてくれたのです。
『新しい光の時代では、「I AM HERE NOW フィールワーク」の実践を通して、私たちはセヴァの精神「聖なる気づき」へと導かれる。さらには古《いにしえ》の過去生を生き抜いた魂の英知、グレートセルフとのつながりを深めることで、人生の成幸「大いなる目覚め」へと導かれるのだ』と。

そして――最終的にはエターナルセルフとの合一、すなわち源とのワンネスへと導かれるのです。
それこそが私たちの魂の最終目的「永遠なる到達」なのです。

※瞑想の中で「エターナルセルフ」を感知するためには、非常に深くて繊細なガイダンスが必要です。「I AM HERE NOW フィールワーク」の会場で、適切な指導のもと行なわれます。

ここでは「グレートセルフ」から流れくる愛と英知につながり同調するための瞑想を紹介します。

グレートセルフとしっかりつながることで「奉仕と活かし合いの人生」「平和・喜び・豊かさ」を世界と共に活きることが出来るのです。

その方法は、「いまを愛する（Love）、ここに感謝する（Thanks）、ありのままに感じることを楽しむ（Ｅｎｊｏｙ）」こと。

そして、「セルフの瞑想」なのです。

セルフの瞑想は、無条件の愛と深遠《しんえん》なる英知に触れてそれを享受《きょうじゅ》する、大いなる目覚め瞑想なのです。

それでは「毎日のジャパ瞑想」の最後のパート、セルフの瞑想をお伝えしましょう。

この瞑想は、ジャパ瞑想の最初の「セッティング」から「光の存在への祈り」までのパートを必ず終えたあとで行ってください。

さらにセッティング状態を強化し、ゆったりとした自然呼吸でリラックスします。

まず、イメージです。

静かな美しい森に囲まれた、清く澄んだ湖を思い浮かべます。

そこはあなただけの秘密の湖「シークレットレイク」です。

風は心地良くそよぎ、遠くで鳥がさえずります。

辺りはとても涼《すず》やかで爽《さわ》やかです。

太陽が燦々《さんさん》と降り注ぐ湖面に、一枚のやわらかな「ピンクゴールドの木の葉」が気持ち良さそうに浮かんでいます…。

そのピンクゴールドの木の葉は「あなた」です。あなたが気持ちよく湖面に浮かんでいます…。

あなたは知っています。この湖の深遠なる奥底に「グレートセルフの光のエリア」が在ることを…。

ここからあなたは、この湖の奥深く「光のエリア」に向かって旅に出ます。

自己の内面深くに在る大いなる英知「グレートセルフ」に会うために…。

神聖なマントラをジャパするたびに、湖の澄んだ水が木の葉（あなた）に浸《し》み込んで、あなたはゆっくりと螺旋《らせん》を描きながら湖の奥深く「光のエリア」へと沈んでいくのです。

このときの呼吸は、**円環《えんかん》ウジャイ呼吸**です。

さらにこのとき、**5から1までの数字を呼吸に合わせてカウントダウン**します。

神聖なるマントラ**「アウム（AUM）・ナマ・シヴァーヤ」**と共に。

吸いながら「5　アーウームー」（木の葉に水が浸みこみます）
吐きながら「ナマ・シヴァーヤー」（少し沈みます）
吸いながら「4　アーウームー」（また木の葉に水が浸みこみます）
吐きながら「ナマ・シヴァーヤー」（さらに少し沈みます）

心の中で静かにこの神聖なマントラを唱えながら「ピンクゴールドの木の葉のあなた」は螺旋を描きながらゆっくりと、円環ウジャイ呼吸で深く沈んでいきます。

深く… 静かに… ゆっくりと…


「3　アーウームー」… 「ナマ・シヴァーヤー」

「2　アーウームー」… 「ナマ・シヴァーヤー」

「1　アーウームー… ナマ・シヴァーヤー」で、ついにあなたはグレートセルフに触れることが出来る輝く「光のエリア」にたどり着きます。


光と芳香に満ちた美しいクリスタルのような場所に… あなたは降り立ったのです。

光のエリアのエネルギーを感じ、温かさや安らぎを楽しみましょう。

あなたが「ありのまま」に感じ、そのフィールを楽しむほどに、あなたの波動は上昇します。

そうして初めて、グレートセルフを実感できるのです。

そして今！　あなたの目の前にグレートセルフが…。

無条件の愛と英知がアメジスト紫の光を放ちながら、あなたの目の前に――。


――圧倒的輝き――圧倒的平安――圧倒的喜び――

――圧倒的豊かさ――圧倒的優しさ――圧倒的頼もしさ――


ある人は女神の姿として、ある人は聖者の姿として、またある人は紫の光として、自由に認識することでしょう。

このときあなたは、至高の愛と光の内に包まれているのです。愛と光に優しく見つめられ、温かく抱きしめられているのです。

このグレートセルフの愛と光の中であなたがすること、それは…
「私は深く愛されている」と感じること。
「私は活かされている」と感じること。
そしてその「幸福感に酔いしれ（ダルシャン）温まる」こと。
「深く感謝する」こと。
ただ「ありのまま」に… それだけです。

あなたの魂の目的、奉仕の心で「活かし合い、成幸し続ける」を活きるために必要なプラーナを、たっぷりと充電するのです。

存分に受け取り酔いしれたら、グレートセルフに深く感謝を捧げましょう。
するとあなたは、またピンクゴールドの木の葉になって光のエリアから湖面に向かって上昇していきます。

今度は逆にカウントアップしながら…

吸いながら「1　アーウームー」

吐きながら「ナマ・シヴァーヤー」

と、螺旋を描きながら上昇していきます。

そして…

「5　アーウームー…ナマ・シヴァーヤー」

で、シークレットレイクの湖面にたどり着きます。

最後にアウムを5唱して、セルフの瞑想を終了しましょう。

（※「光の存在への祈り」と「セルフの瞑想」は、毎日行わなくても構いませんが、少なくとも3日に1回は励行しましょう）

●『終わりの感謝の祈り』

ジャパ瞑想は、どのパートで終わっても**最後に必ず感謝の祈りを行ってください。**

これを「終わりの感謝の祈り」と言います。

次のように行いましょう。

ゆっくりと目を開けて、　合掌

←

「I AM HERE NOW」

←

「永遠の源よ　光の存在たちよ　世界に愛と光を　ありがとうございます

感謝を捧げます　アウム　アウム　アウム　アウム　アウム」

まとめ　毎日のジャパ瞑想・ダイジェスト

ポイント

※指示の無い場合の呼吸は、全て静かなゆったりとした自然呼吸で。
※呼吸は全てセンターに届ける。
※祈り言葉やジャパは黙唱（声に出さず、心の中で唱える）で。
※必ず順番で行いましょう。
※落ち着ける環境で行いましょう。お風呂場でもＯＫです。
※常にセッティング状態をキープしましょう。

【セッティング】

・椅子に座り、両足を肩幅に開き床に着ける
・背筋を伸ばし肩を落とし顎《あご》を引く
・両手の平を膝《ひざ》に置いて上に向ける
・軽く目を閉じて、オーラを引き寄せる（金色の縁取り）
・センターを意識する（おへその奥にテニスボール位）
・一直線を意識する
・オーラの中の、**あなたの「いま・ここ」に属さないもの全て**をセンターに集め、地球の中心に流す（オーラのクレンジング）
・一直線を通して
天上から「天の平和（クリスタルの光）」が
地球の中心からは「大地の豊かさ（金色の光）」が

呼吸を通して「大気の喜び（ローズピンクの光）」が
それら全てをセンターに集めて、オーラの中いっぱいにポンピング
・スピリットボディを意識する
・最後にアウムを5唱してセッティング完了
※このまま「終わりの感謝の祈り」の直前まで、目を閉じたまま「セッティング状態」をキープしましょう。

【始めの感謝の祈り】

・合掌して「I AM HERE NOW（アイアム ヒアナウ）」を1唱
・感謝の祈り「永遠の源よ　光の存在たちよ
世界に愛と光を　ありがとうございます　感謝を捧げます」

・アウムを5唱
・両手を膝の上に戻します

【5・5（ゴーゴー）呼吸】

※5・5呼吸はいつでもどこでも行えます。
※ウジャイ呼吸で行います。

・①～③を順番に、最低10回以上繰り返します

①吸う　　5秒（5カウント）
②止める　5秒（5カウント）
③吐く　　10秒（10カウント）

・最後にアウムを5唱（自然呼吸で）

【ヴァイタルフォースの呼吸瞑想】

※イメージをしっかり意識しながら行います。

※①～③はウジャイ呼吸で。④と⑤は自然呼吸で。

・①～⑤を順番に、最低10回以上繰り返します

①吸いながら　「源の大いなる力が全身に行きわたった」

（センターから勢いよくポンピング）

②止めて　「永遠の平和・喜び・豊かさとひとつ」

（ワンネスを感じながら）

③吐きながら　「内なる愛と光が全身に満ち溢《あふ》れている」
（ハートから愛と光が放射している）
④吸いながら　「アウム」
⑤吐きながら　「ナマ・シヴァーヤ」

・最後にアウムを5唱（自然呼吸で）

【世界祝福の祈り】

※呼吸を整えてから、円環《えんかん》ウジャイ呼吸で行います。

・最低25回以上繰り返します

吸いながら「世界は今まさに」
吐きながら「何もかも全てが天の祝福」
・最後にアウムを5唱（自然呼吸で）

【静寂の瞑想】

※セッティング状態をキープ
※ゆったりとした自然呼吸で行います。
・「アウム・シャンティ・シャンティ・シャンティ」を好きなだけ繰り返し黙唱します（所要時間は自由です）
・静寂と安らぎを楽しむ（ダルシャン）

・最後にアウムを5唱

※ここまでは毎日励行しましょう。ここで「毎日のジャパ瞑想」を終了しても構いませんが、その場合は必ず「終わりの感謝の祈り」を行いましょう。

【光の存在への祈り】

※セッティング状態を強化する（特にスピリットボディを意識して、オーラの中をピンクゴールドで満たす）

※ゆったりとした自然呼吸で行います。

・左手の平をハートに置く

・祈り言葉「天の使い　守護の光よ　私たちの道を照らし給え」

・アウムを5唱
・願いごと・尋《たず》ねごとを伝える
・答えやインスピレーションをフィールで受け取る
・光の存在からのプラーナを楽しむ
・左手の上に右手を重ねる（光の存在の温もりを感じて）
・祈り言葉「天のご意志が成されますように」
・アウムを5唱
・両手を膝《ひざ》の上に戻す

※終了する場合は必ず「終わりの感謝の祈り」を行いましょう。

【セルフの瞑想】

※セッティング状態を強化しましょう。

※マントラ「アウム・ナマ・シヴァーヤ」でカウントダウンとカウントアップするときは、円環《えんかん》ウジャイ呼吸で。それ以外は、ゆったりとした自然呼吸で行いましょう。

・あなたのシークレットトレイクをイメージする

・自分をピンクゴールドの木の葉として認識する

・円環ウジャイ呼吸でマントラと共にカウントダウンしていく

吸いながら「5　アーウームー」↓吐きながら「ナマ・シヴァーヤー」…

吸いながら「4　アーウームー」↓吐きながら「ナマ・シヴァーヤー」…

ゆっくりと螺旋《らせん》を描きながら、次第に深く、深く、沈んでいきます…
（吸うときに木の葉に水が浸《し》みこみ、吐くときに湖の奥へと沈む感覚）
3…2…輝くドームのような光のエリアに入ります……
吸いながら「1　アーウームー」↓吐きながら「ナマ・シヴァーヤー」で、ついに光のエリアに到達する
・目の前にアメジスト紫に光輝く、グレートセルフがあらわれる
・グレートセルフから愛と英知のプラーナを授かり、ゆったりとダルシャンに酔いしれる
・グレートセルフに感謝を捧げる
・湖面に戻るときもマントラと円環ウジャイ呼吸で、今度は逆にカウントアップしながら
吸いながら「1　アーウームー」↓吐きながら「ナマ・シヴァーヤー」

吸いながら「2　アーウームー」……と次第に螺旋上昇していく

「5　アーウームー」↓「ナマ・シヴァーヤー」で湖面に戻る

・最後にアウムを5唱（自然呼吸で）

【終わりの感謝の祈り】

※ゆったりとした自然呼吸で行います。

・ゆっくりと目を開けて合掌

・マントラ「I AM HERE NOW」を1唱

・感謝の祈り「永遠の源よ　光の存在たちよ

世界に愛と光を　ありがとうございます　感謝を捧げます」

・最後にアウムを5唱

以上が「毎日のジャパ瞑想・ダイジェスト」の全てです。あなたを「成幸」へと導く日々のサーダナの中でも「毎日のジャパ瞑想」は特に効果的です。

ルーティンワークにして、温かい波動と輝くオーラで美しい日々を送りましょう！

※アーバン・サダークに認定されると、毎日のジャパ瞑想のためのツールとして、秀麗な音楽とティーチャーの素晴らしいガイダンスを収録した「I AM HERE NOW ガイダンスCD」を購入することも出来ます（ガイダンスティーチャーは富《さかえ》歩夢《あゆむ》。アトリエユンヌにて発売中）。

日々のサーダナの「追記」

●『起床と就寝の祈り』

※必ず、うがいと手洗いをしてから行いましょう。
※起床時は目を開けて、就寝前は目を閉じて行いましょう。
※お気に入りの場所で、お気に入りの方向に向かって、一日に感謝を込めて祈りましょう。
※ゆったりとした自然呼吸で①～⑤を順番に行います。

①マントラ「I AM HERE NOW」を1唱
②感謝の祈り「永遠の源よ　光の存在たちよ

世界に愛と光を　ありがとうございます　感謝を捧げます」

③アウムを5唱

④世界祝福の祈り「世界は今まさに　何もかも全てが天の祝福」

⑤アウムを5唱

●『就寝前のニヤニヤタイム』

毎晩実践することをおすすめしたい、とても楽しいサーダナを紹介しましょう。

私たちは眠りにつく直前のウトウトしている時、顕在意識と魂の狭間にある扉「クリティカルファクター」が開きます。この時こそ、源とそっくりなあなたの内奥《ないおう》に願いをインプットする絶好のチャンスなのです。思わずニヤニヤしてしまうようなヴィジョンを描き感じながら眠りにつけば、それは源へと届き、やがてあなたの人生にアウトプット（実現化）するのです！

私があなたに最もおすすめしたいのは、このニヤニヤタイム中に本書を毎晩5ページずつ読むことです。神聖なプラーナを眠っている最中も授かり働かせることで奇跡を経験したというアーバン・サダークの体験談をよく耳にしています。巻頭から読み始め、巻末まで読み終えたらまた巻頭から繰り返しましょう。私はこれを「灯台のようなサーダナ」と呼んでいます。本書が日夜どんな時もあなたを灯台のように照らし、一通り読み終える頃には、あなたも幾つもの奇跡を体験していることでしょう！

●『食前と食後の祈り』

・今日の糧に感謝を込めて楽しんで
『いただきます』の「Ｌｏｖｅ Ｔｈａｎｋｓ Ｅｎｊｏｙ」

・いただいた糧に感謝を込めて楽しんで『ごちそうさま』の「Love Thanks Enjoy」
乾杯の音頭も『Love! Thanks! Enjoy～!』
いつでもどこでも「Love Thanks Enjoy」をジャパしましょう!

その他「アーバン・ヨギの日常」

・食事はなるべく野菜が中心で。オーガニック食材が好ましいが、こだわり過ぎると波動が重くなるので、提供されたものはありがたく祝福して「Love

Ｔｈａｎｋｓ　Ｅｎｊｏｙ」で美味しく食べましょう。

・軽い全身運動を心がけましょう。

（日々のサーダナを実践していると、あなたにピッタリな運動法がフィールで分かるようになります）

・「良い姿勢・ゆったりとした深い呼吸・よく笑う」を心がける。

（この実践で寿命が延び、逆に浅く速い呼吸は寿命を縮めます）

・住まいの整理整頓、断捨離、身のまわりの清潔を保ち、美しい香りを日常に。

日々のサーダナをＬｏｖｅ　Ｔｈａｎｋｓ　Ｅｎｊｏｙしよう！

セヴァ・サーダナ・サットサングで、いい人生、バラ色の人生を…

ラ・ヴィ・アン・ローズ！

I AM HERE NOW フィールワーク・各瞑想会 会場風景

水灯風在
2021年7月撮影

第2章

私たちの人生の幸福のために

1　ハーモニックリレーション

●調和のとれた関係

私たちは日々成長することで、さらなる幸福な人生を送ることが出来ます。

魂の目的ライフパーパスは、**関係を通して活かし合い成長しながら「幸せで居続ける」**ことです。

そして、**あなたが関わる全てとの関係が調和されて美しく在ること**です。

それを「ハーモニックリレーション」と言います。

人間関係を初めとして、全てとの調和は「いまを愛する努力、ここに感謝する努力、ありのままに感じて楽しむ努力、そしてセヴァ（奉仕）、サットサング

（分かち合い）、サーダナ（自己修練）」を日々実践することで実現することが出来ます。

全てとの調和がとれた美しい関係を築き上げ、人生を平和と喜びと豊かさに溢《あふ》れたものにするために、大切なことをこれから皆さんにサットサングします。

まずはハーモニックリレーションのさらなる実現のために、私たちの思考とエゴ（思考が作り出したネガティヴな感情の人格化）が結びつくことで作り出してしまった、関係の不調和や機能不全の原因について探ってみましょう。

多くの場合で関係が不調和になる理由は、本来ありのままに感じるべきフィール（ハートの声・喜びの感情もフィールです）を思考やエゴが歪《ゆが》めてしまい、ネガティヴな感情を作り出してしまったことが原因なのです。

関係の不調和、不都合、機能不全を作り出す最大の要因「ネガティヴな感情」には特に3つの意識の状態があると、光の存在は云っています。

それは「受動《じゅどう》意識状態」「執着依存」「内包感情痛《ないほうかんじょうつう》（ラークペイン）」この3つ

の意識状態です。

それでは、ひとつひとつ取り組んでいきましょう。

1つ目　受動《じゅどう》意識状態

これは、思考のつぶやきを「本当の私」だと誤解している状態のことです。

あなたの意識の主導権を、あなたではなく思考に握られ、思考の言いなりになっている状態です。

あなたの意識のイニシアティヴを、あなた以外に奪われているのです。

この状態では自分の意識を自分で自由に選択したりコントロールすることが出来ず、いつもあなたの「ありのまま」とは違う「考え」という制約の中にとらわれ、あなたの可能性が閉ざされてしまっているのです。

「心の底からの願い」と「頭の中で考えていること」が違うので、その分離感に苛《さいな》まれていつもイライラしているので、人生に分離や対立を引寄せてしまいます。

外側からの刺激に即受動的に反応してしまうのも、受動意識状態です。ハートから流れ来る愛の英知「フィール」を充分に感じることなく、冷たい思考反応が判断基準となって行動してしまうので、なにもかもうまく行きません。フィールをしっかり「いま」にいて感じる。その喜びを味わうことなく、これまで思考の言いなりに生きてきたので、過去の記憶から来る思考の反応に振りまわされることが、知らず知らずのうちにパターン化してしまっているのです。

出来事という刺激に対して、まるで機械のように即反応してしまうのは、刺激と反応の間にフィールをゆっくり感じてハートの声を聞くためのスペースが無いからです。あなたの大切なスペースを思考に明け渡し、支配されているのです。

宇宙は常に進化拡大しながら変化しています。同じ瞬間は二度とありません。在るのは永遠に「いま」だけです。

だからこそ、私たちは「いま」を鮮烈に味わい楽しむのです。

そして「いま」だけに差し出される宇宙からの愛と光、英知を毎瞬フィールで受け取るのです。

しかし思考は、説明できない宇宙の変化と説明できない未知への冒険を嫌います。

なぜなら広大無辺な英知の前では、思考はあまりにも偏狭《へんきょう》で保守的だからです。

思考は過去の痛みを通して未来を怖れるように機能しているので、現在に存在することが出来ないのです。

ですから思考は自らの存続をかけて、あなたの意識を過去へと引き戻そうとします。

そのせいであなたは状況が全く違うにもかかわらず、過去と似たような場面や人に遭遇《そうぐう》すると、思考によって過去の痛みがフラッシュバックしてしまい、過去と同様の反応をしてしまうのです。

受動意識状態が続くと、さらにそれを繰り返し、パターン化してしまうのです。

それを「過去のレコードが回る」と言います。

常に過去の痛みや未来への怖れを通して意識を受動選択しているので、いつも何かを疑っていたり警戒してしまいます。

当然、人生や人間関係に支障をきたしてしまうのです。

「わかっちゃいるけど止められない」「ついついやらかしてしまう」と、自分の癖に耽溺《たんでき》してしまうのも、あなたが変われる唯一のタイミングと場所である「いま・ここ」を思考に明け渡してしまい、受動意識状態になっているからです。

「私はこうだ」という頑固な自己限定や偽りのアイデンティティも、思考の決めつけた枠や制限なのです。

その制限に足を取られ進化のプロセスを止められているので、反対に退化のプロセスに加速がかかり、年齢よりも衰えてしまいます。

●受動意識状態から解放される方法

この状態から解放されるには、いつも鮮烈に「いま」にいる努力をすることです。

「思考」が自分ではないということを理解し、**魂こそ本当の自分**であり**「いま」だけが魂とつながる唯一の場所**であることを強く自覚することです。

当たり前ですが、過去も未来も絶対に「いま」には存在しません。

そう、この大宇宙に在るのは「いま」だけなのです。

私たちが「いま」に在るとき、セルフこそが本当の自分だとフィールで実感することが出来るのです。

そして「いま」だけが、ハートの奥から流れ来るセルフからの愛の英知をフィールでとらえることが出来るのです。

同時に、全ての人々の根底にある「内なる源・セルフ」を感じることが出来るのです。

そのワンネスのフィールが、目に見える形の奥にある美「ありのまま」を見通すことが出来るのです。

それこそが調和を取り戻し、ハーモニックリレーションを復活させるのです！

日々のサーダナ、毎日のジャパ瞑想の励行も、受動意識状態からあなたを解放します。（特にジャパの励行は、あなたを悪癖《あくへき》から解放します）

2つ目　執着依存

この状態にあるとき、私たちは思考やエゴを本当の自分だと誤解し、それに本当の自分自身を明け渡してしまっているので、そこから生まれる無価値感や欠乏感から、自分には何もないと思い込み、相手や関係にしがみついてしまいます。この「とらわれ状態」のことを執着依存と言います。

人や物にしがみつくのは、思考が作り出した欠乏を信じる信念の表れです。不足感から、あれが欲しい、これが足りない、そうならないとダメ（条件付け）、いつも誰かや何かに不足を埋めてもらいたい、という「NEEDY（ニーディ）」な状態に陥《おちい》ります。

思考は過去や未来に属しているので、「いま」在るものを粗末にし、決して満足も感謝もしません。いつも喪失の痛みと不足の怖れにとらわれ、足ることと安《あん》堵《ど》することを知りません。

何かにとらわれ執着すると、そこでエネルギーが遮《さえぎ》られ、分かち合いのエネルギー交流が途絶えてしまいます。

魂の本質でもある「活かし合いの喜び」を台無しにしてしまうのです。

全く自立していない状態です。この状態からは、あなたらしい魅力もカリスマも生まれることはありません。

関係に執着すること、しがみつくことによって私たちが幸福になることは絶対にないのです。

特に人間関係は「聖なる気づき」「大いなる目覚め」へのチャンスだと思いましょう。

幻想を追い求めて永遠に苦しみ続けることを「いま・ここ」で、キッパリと止めることです。

●執着依存から解放される方法

不足や欠乏を怖れることから生まれる執着依存は「すでに充分に在ること、たっぷりと愛されていること、いつもそれを自覚していること」で、手放すことが出来ます。

すでに在ること、愛されていることを思い出すことで、源やセルフから祝福されるとても素晴らしい方法があります。

例えば私たちが美味しい料理を称賛すると、関わった人や材料、その全てが喜びに包まれます。

その喜びが祝福なのです。

中でも一番喜ばれるのは、その料理を作った人ではないでしょうか。

では…人を称賛すると一番喜んでくれるのは誰でしょう?

そうです! 私たちの創造主、源です。そして、セルフなのです。

私たちが人や自分自身を誉め讃えることは、そのまま天の祝福なのです。

それを「称賛の祝福」と言います。

「I AM HERE NOW フィールワーク」では、2人1組のバディワークでこの称賛の祝福を行う方法があります。お互いに真っ直ぐ向き合い、そしてお互いを交互に称賛し合うのです。

1回ずつ真心を込めて「ありのまま」を感じながら、相手を誉め讃えます。

（持ち物や肩書きではなく、相手自身を）

そして、誉められた人は卑下《ひげ》や謙遜《けんそん》をしないで、はっきり堂々と
「そうです　嬉しい　ありがとう」

とだけ言います。

さらに、誉めた人は相手の目を見て
「あなたの世界は今まさに、何もかも全てが天の祝福」

と伝えます。

最後は双方同時に、いま・ここ・ありのままを感じながら「いま・ここ・ありのまま　I AM HERE NOW」とジャパします。

この間、他の会話は一切しません。誉めた人も誉められた人も「ありのまま」に喜びを感じてみます。

それを交互に3回行います。お互い3つの称賛を口にして耳にして、ありのままに喜びを感じるのです。

このワークを行うと毎回会場は祝福のプラーナに包まれ、喜びの笑顔と感謝の涙に溢《あふ》れるのです。

その光景の美しさに、いまここに在る愛を感じるのです。

このフィールワークは日常で実践することが出来ます。

日々まわりの全てから源の美を見出すセンスを養うのです。

まわりを称賛の目で眺め、それを素直に口にしたり、美しいマントラをジャパ

するのです。（アウム、アウム・ナマ・シヴァーヤ、いま・ここ・ありのまま、Ｌｏｖｅ・Ｔｈａｎｋｓ・Ｅｎｊｏｙなど）

また、ひとりで実践することの出来るとても素敵な方法もあります。

セルフの瞑想の中で、セルフに誉めてもらうのです。

その場合も誉められるたびに「そうです　嬉しい　ありがとう」を忘れずに。

幸せのフィール（ダルシャン）に包まれて、活力が湧いてきます。

いついかなる時もセルフの愛と英知を「ありのまま」に感じることです。

セルフの瞑想を励行しましょう。

セルフは、あなたのハートの中心に在る愛と英知です。

セルフには全てが「在る（Ｉ　ＡＭ）」ので、何ものにも依存することはありません。

そして、あなたのもとを永遠に去ることもないのです。

いままで執着していた物事を手放せば、そこには新たなスペースが生まれ、宇

宙はそこに「自由」という最高の贈り物をもたらすのです。

執着から解放され自由にありのままでいられる人は、たとえ何も無くても心地よいのです。

その人の人生は豊かになり、二度と不足や欠乏を経験することはありません。

執着を手放すには、あなたの「内面の作業」だけでいいのです。外的な難しい作業は必要ありません。

ただし、手放すときに同時に受け入れなくてはならないのは「いま」です。

「手放す」と「諦める」は違います。匙《さじ》を投げるのとは違います。

「いま・ここ・ありのまま」を受け入れ、フィールに従い居るべきところに居て、やるべきことをやるのです。

「人事を尽くして天命を待つ」のではなく、執着のない状態で「天明を信じて人事を尽くす」と、全てはうまくいくのです。

あなたの夢と希望が叶うまで、安心して「いま」を「ありのまま」に感じながら、手放すことをやり続けましょう。

そのスペースにもたらされる計り知れない祝福の贈り物を、大胆に受け取るのです。

すでに在ること、愛されていることを思い出し、執着依存から解放されて、本当の自由の素晴らしさを謳歌《おうか》しましょう。

執着依存の経験は、その正反対の「無条件の愛」を教え、私たちを「聖なる気づき〜大いなる目覚め」へと導くための学びだったのです。

3つ目　内包感情痛《ないほうかんじょうつう》（ラークペイン）

人生に不調和や機能不全を起こす要因となる意識状態の3つ目。

人生の全ての経験には魂の成長のためのレッスンや教訓が、あたかもカリキュラムのごとく包含されています。

学びであるべきその貴重な経験は、本来中立なのです。

しかしながら、本来中立な経験をエゴ思考がネガティヴな解釈によって決めつけ、ときに激しい心の痛みを作り出してしまうことがあります。

その痛みがあまりにも激しいので、私たちはそれに耐えられず、心の奥深くに閉じ込めてしまうのです。

そして忘れようと無視します。

しかしたとえ無視したところで、押し込められたその痛みは決して消えてはくれないのです。

しかも押し込められたことで、痛みは変形し「怒り」に姿を変え、爆発の機会を狙いながら虎視眈々《こしたんたん》と潜《ひそ》んでいるのです。

それが、内包感情痛（ラークペイン）なのです。

あなたの夢や希望を実現し「成幸」へと導くために、源の愛・セルフの英知から、絶え間なくメッセージとプラーナがフィールとして贈られています。

それを決めつけや誤解によって歪《ゆが》めてしまうのが、エゴ思考なのです。

心の痛み苦しみは、本来ツールであるはずの思考に主導権を奪われることで生じてしまう幻想なのです。

思考が物事を決めつけると、必然的にネガティヴな感情が作り出されます。

それは2つの種類に分かれます。

1つは「いま」作り出した痛み、もう1つは「過去」の痛みです。

あなたが「いま・ここ・ありのまま」に居ないことによって、この2つは結合し巨大化するのです。

そしてあなたの内に潜んで、内包感情痛（ラークペイン）になるのです。

思考が勝手に作り出すネガティヴな感情の痛みは「罪悪感」「嫌悪感」「自己憐《れん》憫《びん》」「嫉妬《しっと》」「不安」など様々です。その痛みは長いこと押し込められ放置されることで、次第に「怒り」へと変貌《へんぼう》してしまいます。

多くの人々が、このラークペインを抱えたまま苦しんでいるのです。

それはときに、人間関係において多大な被害をもたらすことがあります。

多くの場合、私たちは思考が作り出した「感情の痛み」に堪《た》えられず、忘れるために初めは「感じない領域」というところに逃げる選択をしてしまいます。

それから次第に被害者意識を持ち始め「可哀相な私」「不幸な私」「…のせい」「…が悪い」となり、それによって「私を見て」「私に構って」「私の世話をして」と被注目衝動《ひちゅうもくしょうどう》（パフォーマンスピクチャー）へと進み、さらには「許せない！」「傷つけたい！」「何もかも嫌！」と、破壊衝動《はかいしょうどう》に発展し、遂には怒りが爆発して他人や、しまいには自分自身をも攻撃してしまうのです。

このように、ネガティヴなドラマを作らないではいられない状態の人を「ドラマクイーン」と言います。

当然、人間関係は不調和で機能不全に陥《おちい》ってしまいます。

こうして放っておかれた内包感情痛は、逃避→被害者意識→被注目衝動→破壊衝動→自己破壊へとネガティヴに変貌するのです。

●内包感情痛（ラークペイン）から解放される方法

光のまなざし

いくつものネガティヴな意識を並べ立てて説明してみましたが、実のところ全ての痛みや苦しみは、究極的には思考が作り出した幻なのです。

この宇宙は源の愛が創造したものだけが実在です。

「いま　NOW」「ここ　HERE」「ありのまま　I AM」が全てです。

それ以外は、たとえどんなに猛威《もうい》をふるおうが、所詮《しょせん》幻想にすぎないのです。

大天使ミカエルは、光の剣で幻想を断ち切り闇を照らす天の使いです。

幻想はミカエルの剣で光を当て白日のもとに晒《さら》すことで、幻ゆえに断ち切れ雲《うん》散霧消《さんむしょう》するのです。

ミカエルの光の剣、それによって幻想に光を当てて断ち切る方法を「光のまなざし」と言います。

（この教えは、大天使ミカエルによるものです）

本来中立であるべき人生の出来事は、全て成幸への道標です。

出来事をフィールで「ありのまま」に感じることで、あなたは英知とつながります。

そして、そのフィールの「うながし」に従うことで、あなたの人生は成幸へと導かれるのです。

しかし、フィールを思考やエゴが歪《ゆが》めてしまい、そうして生まれた感情の痛みは押し込められ圧縮され、爆発の機会を狙っています。

少しでも「惨《みじ》め」な感情が湧き上がってきたときは要注意です。

潜《ひそ》んでいるラークペインがオンセットされ、過去のレコードが回り「可哀相な私」「苛立《いらだ》ち」「傷つけたい」「壊したい」が始まります。

幻想である「ラークペイン」の栄養は、同じく幻想である「痛み」です。ラークペインとひとつになっているひとは、さらに痛みが欲しくて「被害者」か「加害者」になりたがります。

そして「苦しむ人」か「苦しめる人」、さらにはその両方になってしまうのです。

人や自分を好んで傷つけていないか、また積極的に傷つけられていないか、チェックすることから始めましょう。

これが、ミカエルの剣「光のまなざし」で見張る…第1歩です。

観察、チェックすることで「いま」気づいているということが、あなたの意識を「いま」に戻してくれます。

それが困難な場合は、まだまだあなたは「過去の痛み」に未練があるのです。

「可哀相な私」という意識状態から得られる奇妙な快感に要注意です。

愛と英知と共に奉仕を活きる喜びに比べれば、その奇妙で不気味な快感など幻想でしかないのです。

幸せな人生には全く必要のないものです！

それではこれから**「光のまなざし」フィールワーク**で感情の痛みを解放する方法を紹介しましょう。

このワークは、大天使ミカエルに守り導かれ、痛みに関係した相手や自分自身を許し解放する方法です。

たとえネガティヴな感情が幻想であれ、作り出したからには解放しなければなりません。新たに痛みを作らないためにも…過去の痛みを解放するのです。

私たちは「I AM HERE NOW フィールワーク」の日々のサーダナ（祈り・瞑想・呼吸法・ジャパ）を励行することによって光のプラーナを授かり、感情の痛み、執着、悪癖《あくへき》などを解放することが出来ます。

そして、日々のサーダナの実践の上に行われる「光のまなざし」は、最も力強いフィールワークなのです。

「光のまなざし」フィールワーク

このワークは大天使ミカエルの守護の内、高い波動で行います。

必ず毎日のジャパ瞑想の「光の存在への祈り」のパートの中で行ってください。

家の中などで行なうときは、柔らかなクッションか四角に畳《たた》んだバスタオルを膝《ひざ》の上に置き、その上に両手の平を上に向けて置いてください。

それからまず、毎日のジャパ瞑想の「セッティング」→「静寂の瞑想」まで終えます。

次からが「光の存在への祈り」です。

・セッティング状態を強化
・ミカエルに守られている安心感を感じます
・左手の平をハートに置く
・祈り言葉を黙唱（声に出しても構いません）
　「天の使い守護の光　大天使ミカエルよ　私たちの道を照らし給え」
・アウムを5唱
・「光のまなざし」
あなたが傷ついた「あの日あの時」を、ゆっくりと思い出して眺めます。
当時は味わうことが出来なかった感情の痛みを、最初は静かに感じて味わいます。
当時の場面を眺めながら、少しずつ感じることを強めていきます。
味わい尽くし、感じ尽くし、燃やし尽くすためです。
作り出した感情の痛みは、場面を見つめ感じ尽くしてあげることで、燃やされ

解放されるのです。


天使に守られながら…安心して感じるのです。

苦しくても目を背《そむ》けず、感じることを我慢しないでください。

声に出して泣くことも、我慢せずに自分にやらせてあげてください。

もし大声で泣きそうになったら、膝のクッションかバスタオルを顔に当てて、その中で泣いてください。（近隣の迷惑にならないように）

天使に助けられ、当時は出来なかったことが「いま」出来るのです。

充分に向き合い、感じたと思えたら…

当時のその光景を、ミカエルの輝く光で照らしてもらいます。

眩《まぶ》しいほどに照らしてもらいます。

その様子を今度は…淡々と眺めます。

すると、過去の幻想は光に照らされ徐々に輪郭《りんかく》を失いながら、センターから一直線を通して地球の中心（再生のエリア）へと消えていきます。

そのあと、一直線を通して大地の豊かさ（金色の光）と天の平和（クリスタルの光）が、呼吸を通して大気の喜び（ローズピンクの光）がセンターに集まり、オーラいっぱいにポンピングしてあなたのオーラはピンクゴールドに輝きます。

そして、輝く光の中に幻想から解放され再生した「あなた」と「あのひと（たち）」が優しく微笑みながら立っています。本来の姿で…。

あなたは大天使ミカエルの力を借りて痛みを解放し、「あのひと（たち）」そして「あなた」を許したのです。

・「アウム・シャンティ・シャンティ・シャンティ」を5唱
・左手の上に右手を重ねる
・「天のご意志が成されますように」
・アウムを5唱
・ゆっくりと目を開けて「終わりの感謝の祈り」

これで「光のまなざし」フィールドワーク終了です。

このワークをより深く実践するための神聖な場所として、「光のまなざし瞑想会」を全国各地で開催しています。この瞑想会にはＩ　ＡＭ　ＨＥＲＥ　ＮＯＷフィールワークを受講すると参加することが出来ます。アーバン・ヨギによる誘導と大天使ミカエルの守護のもとで、あなたはより深く確かな気づきと解放を経験することが出来るでしょう。

あなたが誰かを許すことが出来たとき、実はあなた自身を許しているのです。

「とらわれ」を手放していることでもあります。

「手放すこと」と「許すこと」は同じなのです。

思考や過去の状況にとらわれているうちは、自分も誰も許してはいないのです。

しっかりと「いま」につながることで、初めて「本当の許し」が可能になるのです。

鮮烈に「いま」につながると、過去は無効になり、「したこと、されたこと」は本当の自分を傷つけるどころか「実は全てが幻想で何もなかったのだ」と気づくのです。(聖なる気づき)

それが、内包感情痛（ラークペイン）の解放なのです。

●インナーチャイルド

ラークペインを作り出した最初の要因に「傷ついたインナーチャイルド」という存在があります。

幼く純真無垢《じゅんしんむく》なゆえに、深く傷つき、そのあまりの痛みに「あの日あの時あの場所」に置き去りにしてしまった「幼きあなた」です。

その子は当時のままそこに留まり、ラークペインとなって他ならぬあなたの助けを待ち続けているのです…。

あなたの無意識の中に閉じ込められた痛みと悲しみ、あるいは恐怖が、あなたの人生に大きな影響を及ぼしているのです。

物事がうまくいかないのは、もしかしたら「インナーチャイルドの叫び」なのかもしれません。

あなたの中の傷ついたサブパーソナリティ「インナーチャイルド」は、存在に気づいてもらい、そして理解され抱きしめられることを、気の遠くなるほどの年月待ち続けているのです。

インナーチャイルドが癒され、あなたとのハーモニックリレーションを取り戻すと、癒されたインナーチャイルドは、あなたと一緒に人生を楽しむことが大好きな「マジカルチャイルド」となって、あなたの人生に夢やサクセスを運んでくれるのです。

傷ついたインナーチャイルドを癒す方法

インナーチャイルドを癒すフィールワークは、とても繊細かつパワフルなワークなため「I AM HERE NOW フィールワーク」のトレーナー（アーバン・ヨギ）によるガイダンス（誘導）が必要です。

「I AM HERE NOW フィールワーク」の受講をおすすめします。

※詳細はI AM HERE NOW ホームページをご参照ください。

https://www.atelierune.com/iam-here-now/

毎日のジャパ瞑想の「光の存在への祈り」の中の「願いごと」を伝えるところで、あなたの守護天使（ガーディアンエンジェル）に

「インナーチャイルドに愛と光をありがとうございます」

←

「アウム・シャンティ・シャンティ・シャンティ」を5唱

と祈り願うことも出来ます。

2 リアルライフ

それではいよいよ「光の授業」の最終項「リアルライフ」を、この「覚え書き」の最後に「あなた」とサットサングしましょう。

●「本当の人生」と「人生の状況」の違い

私たちが通常、人生だと思っているのは、いや、人生だと考えているのは「本当の人生」ではありません。

「人生の状況」もしくは「生活状況」のことです。

「状況」とは、過去か未来という幻想の時の中にのみ存在しているものです。

あなたが「私の状況は不幸だなあ」と考えているとき、あなたは幻想の中に居ます。

もし、あなたが完全に「いま」に居たなら「不幸」があなたに忍び寄る隙間（スペース）はありません。

過去の痛みの記憶に縛られ、大切な「ここ」に抵抗し、未来への怖れにとらわれ「いま」を粗末にしている限り、痛みや不幸は未来永劫に無くならないのです。

「状況」のことは暫《しば》し忘れて「人生」そのものを見つめてみましょう。

本当の人生「リアルライフ」は「いま」にしか存在しません。

あなたの「人生」とは「いま」そのもののことです。

「生活状況」とは、思考が累々《るいるい》と作り出した幻想です。

状況に振り回され、幻想に塗《まみ》れることを「ドリームアップ」と言います。

たとえあなたの生活状況が、問題というドリームアップに塗れていたところで、「いまこの瞬間」に問題はありますか？

昨日でも10分後でもなく「いま」には問題は無いのです。

問題を「いまこの瞬間」に取り込まない限り、在るのは中立な可能性だけです。

問題や状況に浸《ひた》り、それに塗れていては、セルフからフィールで流れくる愛や英知のひらめきが遮《さえぎ》られてしまいます。

エゴ思考が作り出した問題にスペースを奪われているからです。

「いま」に居て、愛と英知を受け取るためのスペース「I AM HERE NOW」を取り戻すのです。

ダイナミックに「いま・ここ」を感じるのです。

カラダを、呼吸を、香りを、風を、気温を、光を、音を、鮮烈に感じましょう。

そして、内側のエネルギー「スピリットボディ」を感じるのです。
そうして初めて、外側で起きている「状況」の本質が理解できるのです。
ようやく幻想ではなく、「リアルライフ」を活き始めることが出来るのです。

「いま・ここ・ありのまま　I AM HERE NOW」には、何ひとつ問題はありません。

「いま」に意識を鮮烈に集中させることが出来れば、問題を抱えることは出来ません。

ただ「ありのままに感じて」受け入れれば済むこと。それなのに、ただ中立なだけの「状況」になぜ私たちは「問題」という名前を付けて苦しむのか…。

それはエゴと思考が「問題による苦しみ」を栄養にしているからです。

「問題による苦しみ」が、エゴ思考に存在感を与えるからです。

私たち人間の貧苦《ひんく》の原因は、中立な可能性である「状況」、いわゆるチャンスでもある「状況」に思考が「問題」や「ピンチ」という名前のレッテルを貼ることで、状況と問題を合体させてしまい、その重さで人生を押しつぶしてしまっているからです。

積極的に問題を抱えることとは、積極的に痛みや苦しみを抱えることなのです。

問題を抱えるという低いエネルギーの扱い方は、全てを不調和にして機能不全に至る原因です。

この幻想の解決の方法は…

まず「私は二度と状況を問題視しない！　問題に仕立て上げない！」と強く決意することです。

強く意図（インテンション）することで、宇宙の活かす力「ヴァイタルフォース」とつながり、その力に助けてもらうことです。

そして、リアルライフ「本当の人生」を活きるとは、「問題を抱えた人生の状況」ではなく**「魂の目的」に沿った本物の人生を活きること**なのです。

●魂の目的（ライフパーパス）を活きる

私たちの魂の中心はグレートセルフです。

そして、さらにその中心にはエターナルセルフが宿っているのです。

セルフは永遠の源とひとつです。

私たちの魂の中心、源の目的が息づいているのです。

魂の目的に気づき、「聖なる気づき↓大いなる目覚め↓永遠なる到達」に至るまでの道程。

それが「本当の人生」を歩むことなのです。

私たちの魂は幾度も幾度も生まれ変わりながら、たくさんの「いま・ここ」を経験して気づきを深めます。気づきを重ね、気づきを深めて、幸福のうちに成長しながら拡大するのです。

そうして「大いなる目覚め」から「永遠なる到達・ワンネス」へと向かっているのです。

この人生における魂の目的は「成長すること、幸せで在り続けること」、すなわち「成幸」なのです。

ライフパーパス「成幸」を活きることこそが、本当の人生「リアルライフ」なのです。

あなたは生まれ変わりながら「セヴァ（奉仕）・サットサング（分かち合い）・サーダナ（自己修練）」を実践して、世界に貢献（活かし合い）することで「成幸」へと導かれるのです。

あなたが世界に貢献するための才能や使命が、今回の人生におけるあなたの個性なのです。

そうです…あなたの個性を知り、その個性を大切に人生を活きることも、幸せなリアルライフなのです。

あなたの個性を「ありのまま」にフィールで感じて、才能や使命を知ることは、「今生のあなた」の人生の目的（ピークパフォーマンス）を知ることでもあるのです。

それでは…あなたの今回の人生での才能や使命を知る、とても有効な方法を紹介しましょう！

●パストライフリーディング（過去生回帰《かこせいかいき》）

私たちは幾度も幾度も生まれ変わりながら、その経験を通して修正と成長を果たしています。

前世の人生の修正改善にぴったりのカリキュラムとして、今生の両親と環境（人生の青写真）を自ら選んで生まれて来ているのです。

そして、今生での才能が存分に発揮され、使命が果たされているあなたの姿のことを「ピークパフォーマンス」と言います。

あなたの今生での才能と使命の完遂（ピークパフォーマンス）も魂の目的なのです！


私たちの魂は、幾度も生まれ変わりながら、あなた自身とあなたの縁に奉仕貢献することで、修正と成長を促《うなが》し進化拡大しているのです。

パストライフリーディング（過去生回帰）とは、私たちの無数にある過去生のうち、今回の人生に対して大きな影響のある過去生に「リモートヴューイング（意識の時空間移動）」する方法です。

このワークは私たちの魂の輪廻転生を全て経験してきた智恵の宝庫、「グレートセルフ」のサポートで行なわれます。

今回の人生にとって重要な過去生へと導かれ、そこからヒントを受け取り、才能や使命に気づく方法です。

この方法は非常にパワフルかつ繊細なワークなので、確実なガイダンスと退行誘導によるリモートヴューイングが必要です。

「I AM HERE NOW フィールワーク」の中で、トレーナー（アーバン・ヨギ）の指導のもとで行なわれています。
※「I AM HERE NOW フィールワーク」については、詳しくはI AM HERE NOW ホームページをご参照ください。
https://www.ateliérune.com/iam-here-now/
そこで本書では、自宅でも出来る他のワークを紹介します。

人生とは、魂の成長と幸福感を謳歌《おうか》するための天が差し出すカリキュラムです。

天は、成長のためのレッスンと気づきのためのチャンスを「深く心に残る出来事」というカリキュラムとして、完全なタイミングで差し出してくれるのです。

そしてその**「深く心に残る出来事」を感じ尽くしてから教訓を得ることで、私たちは磨かれ成長するのです。**

それこそが「人生は全て自分が創っている」の本当の意味なのです。

逆に、出来事に対し思考的に「抵抗・逃避・責任転嫁」することで「出来事」は「不快な出来事」となって定期的に繰り返され、あなたが感じ尽くして成長のための教訓を得るまでパターン化（過去のレコードが回る）してしまいます。

天が差し出す出来事から感謝と喜びを見出すことで、私たちは神聖なる気づきと教訓を手に入れます。

それはまさしく、天の祝福を受け取るということなのです。

その気づきと教訓の中にこそ、天の祝福…あなたの才能と使命が潜在しているのです！

それは、あなたに発見されることを今か今かと待ち望んでいるのです。

魂は、才能と使命をもって世界に貢献するために生まれてくるのです。

●才能を発見し、使命に気づく方法

光の存在は云います。

『人生、または一日の中には、深く感じるべき3種類の天のギフトがある』と。

それを、深く心に残る3種類の出来事として天から差し出されている「3感ギフト」と名づけます。

①感謝　「感謝を引き出す出来事」…ありがとう（Ｔｈａｎｋｓ）

②感楽　「喜びを引き出す出来事」…楽しい（Enjoy）
③感磨　「教訓を引き出す出来事」…愛で磨く（Love）

この「3感ギフト」を活用して、人生の「深く心に残る出来事」から才能を発見し、育みましょう。

その才能を通して使命に気づき、世界に貢献しましょう！

●3感ギフトのフィールワーク

このワークは、考えて判断をしないで素直な直感フィールに従って行ないましょう。

まずセッティング状態になります。（特にスピリットボディを意識する）

次に「始めの感謝の祈り」を行ないます。

それから静かに目を開けます。

手元に紙とペンを用意して、次の4つの項目をフィールで感じて書き出してみましょう。

①感謝

いままでの人生で「深く心に残る、感謝したこと」を心を込めて3つ書きます。（感謝に溢《あふ》れます）

②感楽

いままでの人生で「深く心に残る、楽しかったこと」を心を込めて3つ書きます。（喜びに溢れます）

③感磨

いままでの人生で「深く心に残る、教訓を得て心が磨かれたこと」を心を込めて3つ書きます。（愛に溢れます）

※感磨とは、悪かった事に着目するのではなく「こうすればさらに良くなる、こうしたらさらに磨かれる」という気づきの事です。

まずは3つの項目のそれぞれに3つずつ…合計9つ書きましたね。

今度はその9つの「覚え書き」を上から1つずつ、もう一度フィールで感じます。1つ終わるごとに合掌して「Love Thanks Enjoy」と心を込めてジャパします。（1唱）

9つ終わったとき、あなたは天からの祝福「3感ギフト」を受け取ったのです。

暫《しば》し…ダルシャンに酔いしれましょう。（セッティング状態で）

それから9つの「3感ギフト」を通して、あなたが世界になにが出来るか（したいか）を、フィールで感じてみます。

そして今度は、4つめの項目を紙に書きます。

④貢献

3感ギフトを通して、あなたは世界にどのような貢献、もしくは奉仕（セヴァ）が出来るか（したいか）を、心を込めて3つ書きます。（1つか2つでもよいです）

3つ書き終えたら、また1つずつフィールで感じます。

1つ終わるごとに合掌して「私の世界は今まさに、何もかも全てが天の祝福」と心を込めて祈りをプージャします（1唱）。さらに続けて「いま・ここ・ありのまま　I AM HERE NOW」をジャパします（1唱）。

3つが終わったら目を閉じて、静かに「アウム」をジャパします（5唱）。

このフィールワークを通して、あなたの才能や使命が鮮明に浮かび上がってくるのを感じましょう。

源とセルフに感謝を捧げながら、ダルシャンに暫し酔いしれるのです。

最後に「終わりの感謝の祈り」で終了します。

このワークは、あなたの心が疲れたり、迷いが生じたと感じたときに行ないましょう。

「一日一生」と捉《とら》え、毎日「3感ノート」を付けましょう。

【一日の終わりに3行ダイアリー】

①感謝…今日感謝したことを1行

②感楽…今日楽しかったことを1行
③感磨…今日の教訓（さらに磨けること）を1行
（※このワークに便利な「3感Ｎｏｔｅ‐ｂｏｏｋ」を、アトリエユンヌにて発売中）
毎日、自分の才能と使命を感じながら、世界に奉仕貢献する喜びを活きましょう！

●最後に――

私の母の生前の名前は、トシといいます。
私とまわりの仲間たち皆で

母のことを天使の名前のように「トシエル」と勝手に呼んでいます（笑）。

最後に
「あなた」に感謝を込めて…
ある日、トシエルが語ってくれた愛のメッセージを捧げたいと思います。

・・・・・・・・・・・・・・・・・・・・・・・・

勝《まさ》ってないと愛されないと思うなかれ
才がないと愛されないと思うなかれ
正しくないと愛されないと思うなかれ

それは違う

与えたものが受け取るもの
捧げたものが授かるもの

愛を捧げているか
感謝を捧げているか
情熱を捧げているか

愛と感謝と情熱
その反対は
薄情と恩知らずと怠慢

源が差し出してくださる『ご縁』に身を捧げなさい

そして

いい人生を授かりなさい

勤勉たれ
博愛たれ
洗練たれ

母より

「いまここからの永遠」
「人生の【成幸】リアルライフとは」

本当のあなた、すなわち魂の目的「ライフパーパス」を活きることにほかなりません。

人生の「成幸」が魂の目的ライフパーパス

人生で**成**長し続けること――

人生で**幸**せで在り続けること――

日々「大いなる目覚め」へと続く、**成幸への黄金ロード**を歩き続けることです。

あなたの日々の成長のために

あなたの日々の幸せのために
あなたの魂はあなたに問うでしょう。
考えるな！ 感じろ！
いまを愛してますか？ Ｌｏｖｅ
ここに感謝してますか？ Ｔｈａｎｋｓ
ありのままを楽しんでますか？ Ｅｎｊｏｙ
その問いに迷ったら「温かい」と感じるほうを選びましょう。

「愛する」ほうが、なにより温かい
「感謝する」ほうが、なにより温かい
「楽しむ」ほうが、なにより温かい

そして

人生の出来事から「温かい」教訓を感じ得ることが出来たら、あなたの魂は磨かれ光輝くでしょう。

あなたの内側から温かい力が活き活きと漲《みなぎ》り、真心の奉仕を活きる喜び、活かされている感謝に溢《あふ》れるのです。

あなたとあなたの周りの全てがはるかに輝きを増し、人生が喜びに満ちた平和で豊かなホールライフとなるのです。

「心温かきは万能なり」

温かい真心を込めて

「いま」を愛しましょう。
「ここ」に感謝しましょう。
「ありのまま」のフィールを楽しみましょう。

真心を込めて
奉仕（セヴァ）

分かち合い（リットサング）
自己修練（サーダナ）
に励みましょう。

源に向かって
いまここからの永遠

「聖なる気づき」
「大いなる目覚め」
「永遠なる到達」への
魂の道──

アーバン・サダークたちの旅が

光輝く美しいものであらんことを…

アウム・ナマ・シヴァーヤ

我ら

源と共に在りて…

I AM HERE NOW

2　リアルライフ

あとがき

世界でいちばん大切なお話

最後まで読んでいただき感謝に絶えません。

2004年夏に始まった「光の授業」

そのきっかけは、人生の状況に追いつめられ、なにも「考え」られなくなったことでした。

「感じる」ことしか出来なくなった瞬間に「恩恵」はやって来たのです。

いま思えば、あの「人生の状況」は源が差し出してくれた「人生の成幸」のためのカリキュラムだったのです。

源（セルフ）は、わたしが「考えて失敗する人生」から「感じて成幸する人生」へとシフトするまで諦めずに繰り返しカリキュラムを差し出し、追いつめてくださったのです。

私は、源の愛と光に追いつめられ「感じて成幸する人生」の入り口にたどり着いたのです。

なんと美しいカリキュラムであろうか…

そして、やって来たのです。

魂のクラス「光の授業」が――

闇夜に一筋の灯台の明かりが届いたのです。

その日から、私の人生は源に愛と感謝を捧げ続ける人生となったのです。

私たちは

高い次元の動機「光の存在たち」を師として…

まるで、よちよち歩きの幼な子のように…

ひとつひとつ学び、ひとつひとつ実践したのです。

その結果
私たちの人生には「平和と喜び」、そして「豊かさ」が、ひたひたと訪れてきたのです。

そして迎えた光明の時代「サイユガ」の入り口——

光のゲートが開き、光の時代への移行が始まり、いま私たちはさらなる高い次元へと導かれているのです。

それにともない、2015年11月30日から再度「光の授業」が始まり「IAM HERE NOW」がもたらされました。

新しい時代の「幸せな魂の在り方」が「IAM HERE NOW」なのです。

天の命をもって「あなた」のために書かれた光の時代の指南書、それがこの

「覚え書き」なのです。

長い年月におよぶ膨大《ぼうだい》な教えを、読みやすさ持ちやすさのために小さな本にまとめる作業は至難を極めました。

1行1行に圧縮されているので、一言一句噛みしめながらゆっくりと読んでみてください。

行間から伝わってくるプラーナを感じ、ダルシャンに酔いしれましょう。

「読むメディテーション」を楽しんでください。

難しく感じる箇所は、考えずにシンプルに実践してみてください。

光の存在たちは云います。

「やればわかる」と。

「I AM HERE NOW」をシンプルに実践するとは

・源に愛と感謝を捧げる
・成幸を意図し、勤勉を心がける
・この「覚え書き」を少しずつ毎日読み、読んだ箇所を実践する
・「いま」を愛する…Love
・「ここ」に感謝する…Thanks
・「ありのまま」に感じて（考えないで）楽しむ…Enjoy
・セヴァ（奉仕貢献の精神を活きる）
・サットサング（分け合い、分かち合うことを大切にする）
・サーダナ（日々のサーダナ・祈り・毎日のジャパ瞑想の励行）
・全てに源の善と美を見出す（ダルシャン）

あなたの人生の「成幸」のために
心がけ、励み、楽しみましょう。
大きく強く温かく軽やかに…。

最後に、大切な虹の贈りものとして——

ある日、大天使ミカエルが差し出して下さった、あなたへのメッセージを贈ります。

『あなたたちは、ひとの気持ちを知ることで、自分を知ることが出来るのです。
ひとの痛みがわかることで、自分の痛みの意味がわかるのです。

人の痛みがわかることで、社会の痛みも見えてきます。

それは、いくら考えてもわかりません。感じ尽くしてフィールでわかるものです。

思考はエゴを育て、痛みをもたらします。

フィールは愛を育て喜びをもたらします。

思考にとらわれて自分のことばかり考えていては、美しいものは何もわかりません。関わるもの全てに関心をもって、温かい思いやりで見つめなさい。

人の痛みがわかる人間になりなさい。

社会の痛みがわかる人間になりなさい。

痛みがわかることで、痛みとは自らが作り出した幻だと気づくのです。

そこに愛と光を注ぐことで、痛みは幻想ゆえに消えていくのです。

人々を、社会を「痛み」という「幻想」から救いだすために身を捧げなさい。

勇気を持ちなさい。

あなたの傍《かたわ》らには必ず私がいます。

あなたたちは「闇」を照らす光の使者として、世界に奉仕するために生まれて来たのです。

その人生には、魂の喜びが溢《あふ》れるのです。

そして
そこにこそ、源の愛と豊かさが訪れるのです。

我ら
源と共に在りて…

祝福あれ

……………………Michael』

Love Thanks Enjoy

あなたの魂に祝福あれと祈ります

あなたの世界は今まさに　何もかも全てが天の祝福

「あなた」のいい人生を祈って…

私たちは愛で出来ている

アウム

本書の出版にあたり、多大なる尽力を賜《たまわ》りました関係諸氏の皆様をはじめ、大切な魂の家族たち全てに感謝の意を捧げます。

水灯風在　拝

2021年9月10日 神奈川県立音楽堂にて
下の段の左から8番目が水灯風在

水灯 風在（みずひ ふあり）

本名　亀山 右（かめやま すすむ）

北海道・函館 出身

一冊の書籍との出会いに感銘し、スピリチュアル・セラピーを始め、多岐にわたるスピリチュアリズムを学ぶ。ジャパンメディカルアーツを創立。国内外から著名な講師陣を招き、多くのセラピストやカウンセラーを育成する。

その後、逆境の最中、２００４年に受け取ったインスピレーションに従い「ａｓ ｉｔ ｉｓフィールワーク」を公開。受講生は延べ1万人以上。全国に講師を育成する。

２０１５年11月22日午後5時55分からの新時代の幕開け、地球のエネルギーシフトの始まりを事前に啓示により感知し、それに伴い、新時代に対応した『成幸』への道標「Ｉ ＡＭ ＨＥＲＥ ＮＯＷ フィールワーク」を天啓により受け取る。詳細は本書に記述。

また、エンターテインメントの分野では「詩い人」としてＣＤリリース。コンサートやディナーショーも開催する。

舞台表現活動「モダン歌謡劇　ＧＯＰＰＡ一座『宴屋』」を主宰。自身も俳優として数々の舞台を踏む。

実業においても、奉仕の精神を中心に据えたコンサルティングで、多くの成功者を輩出している。

ダイバーシティ支援活動も積極的に行っている。

ファッショニスタとして、インスタグラム【ＧＯＰＰＡ×ＳＴＹＬＥ】が大好評拡散中。世界中の人々からＧＯＰＰＡ（ゴッパ）の愛称で親しまれている。

著書に
『ａｓ ｉｔ ｉｓ フィールワーク　いま　ここ　ありのまま』

『一日一生　今日のことだまパートナー　改運つぶやきカレンダー30ｄａｙｓ』

『虹の贈りもの　Ｉ　ＡＭ　ＨＥＲＥ　ＮＯＷ フィールワーク』

現
カレッジ オブ ホールライフ 学長
モダン歌謡劇　ＧＯＰＰＡ一座『宴屋』座長
アトリエユンヌ株式会社 会長
ライトハウス株式会社 名誉会長

世界でいちばん大切なお話
I AM HERE NOW フィールワーク

2021年11月19日　初版発行

著　者　水灯風在
発行者　成田利明
発行所　株式会社サクセスマーケティング
〒103-0026　東京都中央区日本橋兜町11-11
TEL.03-5640-1811　FAX.03-5640-1813
装丁　野上幸徳（株式会社パルテノス・クリエイティブセンター）
デザイン　香山青葉
編集　大和立　夕月与汎　香山青葉　杜十慧
開剣照　英央己　水明潤乎　幸本了
印刷・製本　株式会社コームラ

Printed in Japan
ISBN978-4-915962-55-4　C0030